KB248214

바벨탑과 떠돌이

바벨탑과 떠돌이

2012년 5월 11일 초판 1쇄 발행
2012년 5월 31일 초판 2쇄 발행

펴낸곳 (주)도서출판 **삼인**

지은이 문동환
펴낸이 신길순
부사장 홍승권
편집 김종진 오주훈
미술제작 강미혜
마케팅 한광영
총무 정상희

등록 1996.9.16 제 10-1338호
주소 120-828 서울시 서대문구 연희동 220-55 북산빌딩 1층
전화 (02) 322-1845
팩스 (02) 322-1846
전자우편 saminbooks@naver.com

표지디자인 이승욱
제판 문형사
인쇄 영프린팅
제책 쌍용제책

ISBN 978-89-6436-044-6 03230

값 15,000원

바벨탑과

떠돌이

문동환 지음

삼인

□ **차례** □

머리말 9

시작하는 말 13

첫째 마당 | 출애굽 이야기 27

첫째 마디 **바벨탑과 떠돌이** 30

둘째 마디 **족장들의 이야기** 36

셋째 마디 **출애굽 이야기** 40

(1) 히브리인의 이야기 40

(2) 모세와 출애굽 사건 42

(3) 야훼와의 해후와 출애굽의 기적 44

(4) 광야에서 맺은 계약 51

(5) 가나안 정착 61

(6) 새 공동체의 특징 64

(7) 탈출공동체가 이룩된 과정 66

둘째 마당 | 다윗의 바벨탑과 갈라진 두 왕 69

첫째 마디 **다윗 왕조에 이르기까지** 70

둘째 마디 **다윗의 등극 과정** 74

셋째 마디 유대 왕국의 예언자들 84

(1) 이사야 84

(2) 미가 선지자의 예언 89

(3) 개혁을 하려고 한 왕들의 한계 97

둘째 마당의 정리 101

셋째 마당 | 출애굽 전통을 되살린
북왕국 이스라엘 103

1. 엘리야 106
2. 아모스 109
3. 호세아(주전 732-722) 116
4. 예레미야(주전 626-586) 125
5. 에스겔(주전 616-560) 134

셋째 마당의 정리 139

넷째 마당 | 제2 이사야의 환각 141

첫째 마디 제2 이사야의 환희에 찬 노래 144

둘째 마디 서글픈 예루살렘 재건 전통 156

셋째 마디 제3 이사야의 외침 162

(1) 귀환 공동체의 혼란과 제3 이사야 163

넷째 마당의 정리 174

| 다섯째 마당 | **새벽을 알리는 계명성** 177

첫째 마디 **예언자 요나의 이야기** 180

둘째 마디 **모압 여인 룻의 이야기** 183

셋째 마디 **선민주의를 탈피한 야훼의 종의 노래들** 187
    (1) 첫째 노래(사 42:1–9) 188
    (2) 둘째 노래(사 49:1–6) 191
    (3) 셋째 노래(사 50:4–9) 194
    (4) 넷째 노래(사 52:13–53:12) 196

다섯째 마당의 정리 201

구약 전체의 두 흐름 202

| 여섯째 마당 | **바벨탑과 갈릴리 탈출공동체** 205

첫째 마디 **예수의 출신** 209

둘째 마디 **예수가 이긴 시험들** 214
    (1) 첫째 시험 217
    (2) 둘째 시험 220
    (3) 셋째 시험 222

셋째 마디 **예수의 선교** 224
    (1) 갈릴리 청년 예수의 제1성 224
    (2) 예수의 선교 227

1. 물(物)의 공유   227

2. 타락한 유대교를 배격   229

3. 권위주의와 힘의 철학을 배격   231

4. 예수님이 선포하신 하느님 나라의 비밀   232

5. 예수님의 교육학적인 이해   234

6. 하느님 나라란?   244

7. 주님이 가르쳐주신 기도문   249

일곱째 마당 **빗나간 대망공동체들과
오늘의 도전**   257

첫째 마디 **빗나간 두 대망공동체**   258

둘째 마디 **곁길로 치닫는 교회**   265

셋째 마디 **산업 문화와 교회**   268

맺는 말   277

발문(김민웅 성공회대 교수)   283

'바벨탑과 떠돌이'를 내면서

기독교 교육을 전공하는 내가 구순이 넘어 구약과 신약을 통틀어 살펴보는 책을 출판하는 것은 분에 넘치는 일이다. 그럼에도 불구하고 나는 이 책을 출판하지 않을 수가 없었다. 본래 기독교 교육을 전공하는 학자가 교육 이론을 작성하려면 깊이 공감하는 신학을 선택하여 그 신학의 이론에 기초한 교육 이론을 정립하게 된다. 1970년대에 들어오면서 내가 깊이 공감한 신학은 민중신학이었다. 그러나 박정희 군사독재 정권에 항거하는 민주화 운동에 휘말리면서 차분히 앉아서 민중신학을 토대로 한 교육이론을 만들 수가 없었다. 1992년 정계에서 은퇴한 후부터 나는 민중신학에 기초한 교육론을 만들어 보려고 노력했다. 그 과정에서 나의 마음을 사로잡은 질문은 민중 신학자들은 민중이 역사의 주체가 된다고 주장을 하는데 '하루하루 생존에 급급해 허덕이는 민중들이 어떻게 역사의 주체가 될 수 있는가'라는 질문이었다.

교육을 전공하는 자로서 민중이 역사의 주체가 되는 과정을 밝히고 이를 돕는 교육학적인 이론을 작성해야 하기 때문이다. 이를 위해 나는 먼저 성서에서 민중이 어떻게 역사의 주체가 되는 지를 살펴보았다. 은퇴를 하고 미국에 온 나는 팔순이 넘어 다시 성서 공부를 시작한 것이다.

그 과정에서 나는 우리들이 그 동안 민중이라고 불러왔던 계층이 퍽 불확실했다는 것을 느꼈다. 1990년대 이후 김대중, 노무현 대통령 시절을 보내고 소위 민주화가 이루어진 뒤 민중이 과연 누구인지 구분하기란 더욱 어려워졌다. 민주화를 위해 온 몸과 마음을 바쳐 헌신하던 노동자 농민, 그리고 의식 있는 젊은 기독교 운동가들이 새로 형성된 제도 안에 들어가 자취를 감추고 만 것이다. 역사를 파멸로 몰고 가는 신자유주의에 합류하고 만 것이다. 민중들이 하느님의 뜻에 따르는 새 역사의 주인공이 된다고 주장을 해왔는데 말이다.

그러면서 내가 발견한 것은 성서에서 새 역사를 창출한 이들은 우리가 그동안 생각해온 민중과 다르다는 것이었다. 강자들로 말미암아 역사에서 완전히 밀려난 떠돌이들이라는 것이다. 그 제도 안에서 억압받고 수탈당한 자들, 그래서 아무런 기대도 가질 수 없는 것을 깨달은 자들이 새 역사의 주인공이 된다는 것이다. 이집트의 하비루들이 그랬고 예수님 당시 갈릴리의 암하렛츠가 그랬다. 그들은 기존 제도에서 완전히 밀려난 떠돌이들이다. 그 제도의 악을 온몸으로 경험한 자들이다. 하느님은 이런 떠돌이들을 이끌어 정의와 평화가 강물처럼 흐르는 새 세계를 창출한다는 것이다.

온 세계의 뉴스가 밀려들어오는 뉴욕에서 살면서 새롭게 눈을 뜨게 된 것은 세계 방방곡곡에 경쟁적인 산업문화에서 밀려난 수많은 떠돌이들이 국경을 넘어 이주를 하고 있다는 사실이었다. 하루에 1달러로 사는 사람이 인류의 3분의 1인 22억 명이나 된다는 것이다. TV에서 매일 벌어지는 그들의 참상이 나의 마음을 아프게 하였다. 떠돌이들의 아우성에 귀를 막을 수가 없었다. 나는 처절한 심정으로 성서를 읽어나갔다. 강자들이 어떻게 자기 탐욕을 채우기 위하여 바벨탑을 쌓는지, 하느님이 어떻게 이 떠돌이들을 통하여 생명문화 공동체를 창조하는지, 그리고 바벨탑은 어떻게 무너지는지를 끈질기게 물으면서 말이다.

이 과정에서 내가 느끼고 고민한 것을 뜻을 같이하는 신앙의 동지들에게 알리고 싶었다. 그리고 서로 대화를 나누어 보고 싶었다. 그래서 무리해서라도 이 책을 쓰게 되었다.

이 과정에서 나와 함께 지난 몇 년 동안 꾸준히 성서 공부를 같이 해온 젊은 목사들의 협력과 조언이 큰 도움이 되었다. 잠꼬대를 하면서까지 이 책과 씨름을 하는 나를 격려해 준 아내에게도 고마움을 전한다. 이 원고를 읽고 수정을 해 준 김성재 교수의 따뜻한 우정도 잊을 수가 없다. 그리고 미숙한 책을 출판해준 삼인출판사에도 머리를 숙여 감사를 표한다.

미국 뉴저지에서

문동환

시작하는 말

　21세기에 들어온 인류는 크게 당황하고 있다. 그들 눈앞에 깊은 수렁이 가로놓여 있는 것을 느끼기 때문이다. 이와 같은 문제들의 근원은 인간에게 주어진 자유를 각자위심으로 오용한 결과로 발생했다. 인간이 그 주어진 자유를 자신의 탐욕을 위하여 오용한 결과 약육강식의 악랄한 비극이 발생하고 기계 문명의 발달과 더불어 산업 문화가 발전되어 대량의 소모품을 홍수 같이 생산하게 되었다. 기득권자들의 탐욕은 풍선처럼 부풀어 오르더니 서구의 강대국들은 전세계를 대상으로 무자비한 식민지화를 하기에 이르렀다. 그리고 날로 확산된 이 식민주의가 저 무시무시한 두 차례의 세계대전을 초래했다. 기계 문명의 발달이 창출한 각가지 신무기, 특히 원자폭탄은 온 인류의 파멸을 초래할지도 모른다는 극도의 불안을 조성했다. 이와 같이 강자들이 구축한 제도를 성서는 바벨탑이라고 한다.

　이렇게 되자 인류는 UN이라는 국제기구를 만들어서 이 파국을 피하려고 했다. 그러나 그 UN도 온 세계를 마음대로 주무르는 강대국들이 주관하는 것이 되어 약소국들은 여전히 불안에 떨게 되었다. 이와 같은 현상은 특히 신식민지주의를 자행하는 미국의 수탈에 시달리는 남미의 약소국들에서 두드러졌다. 2차 세계대전이 끝나면서 식민지에서 해방되는 환희에 들떠 있었으나 돈과 무력을 도구 삼아 여전히 그들을 수탈하는 미국의 횡포에 시달리던 라틴아메리카에서 이에 항거하는 강력한 투쟁이 시작되었다. 그러는 과정에서 그들은 서구가 전해준 기독교의 허구성을 발견했다. 동시에 그들은 성서의 하느님은 약자들을 해방하시는 해방의 신이라는 것을 발견했다.

　이렇게 하여 탄생한 해방신학은 온 세계에서 악의 세력에 억눌려 있던 약자들에게 해방의 불길을 점화시켰다. 흑인해방신학, 여성신학, 아프리카의 해방문화신학 등이 그런 것이다. 해방신학의 불길이 한국에서는 민중신학이라는 모습으로 분출되었다. 이 민중신학은 근대화를 이룩한다는 박정희 군사독재 밑에서 아우성을 친 민초들을 통해서 탄생했다. 특히 1970년 평화시장의 한 젊은 노동자 전태일이 그의 밑에서 병들어 죽어가는 시다들을 보면서 애를 태우다가 그들의 새 내일을 위하여 노동운동을 시도했다. 그러나 탐욕에 사로잡힌 악의 세력이 그의 앞을 겹겹이 가로막는 것을 보면서 기도원에 가서 홀로 하느님 앞에 엎드려 호소하다가 자신의 몸을 불살라 20세기의 바벨탑을 쌓으려는 험악한 역사의 길목에 자신을 제물로 던짐으로써 한에 맺힌 무리들 사이에 엄청난 호응을 일으켰다. 이 호응이 홍해를 가르는 놀라운 사건으로 승화되었다. 이것을 본 안병무와 서남동을 중심으로 한 신학자들이 민중신학을 탄생시켰다.

이 민중신학의 요체는, 역사를 운영하시는 하느님은 시대마다 힘의 철학으로 바벨탑을 쌓으려는 오만불손해진 악의 제도를 무너뜨리고 새 내일을 창출하시려고 한에 맺힌 민중들을 전위대로 삼으신다는 것이다. 이를 위해서 신약신학자 안병무는 야훼를 섬긴다는 대사제들이 로마와 손을 잡고 자기들만의 배를 채우는 예루살렘 중심의 악한 제도에 수탈당하는 갈릴리의 소외된 오클로스를 연구하여, 하느님이 어떻게 그들을 통하여 하느님 나라를 이룩하시는지를 밝혔다. 서남동은 스스로를 신이라고 하는 바로 왕의 제국 이집트에서 탈출한 히브리인들의 출애굽 사건에 초점을 두는 동시에, 한국 역사를 통해서 날로 악해져만 가는 왕조들의 억압에서 벗어나려고 몸부림을 친 밑바닥 민중들의 아우성에 귀를 기울이면서 하느님이 하시는 일들을 추적했다. 그리하여 그는 예수 메시아 사건은 "두 이야기의 합류"라는 주장을 했다. 1970년대에 민중을 깨우쳐 봉기하게 한 영적인 흐름이란, 출애굽 사건과 갈릴리에서 봉기한 민중운동과 한국 역사를 통해서 아우성을 친 민중들의 얼이 하나로 합류한 것이라고 본 것이다. 이렇게 사회의 밑바닥에서 수탈당하는 자들을 주목하면서 하느님이 그들을 새 내일 창출의 주역으로 삼는다는 것을 밝힌 것은 실로 민중신학의 큰 공로이다.

그러나 그들은 민중들이 역사의 주체가 되는 그 과정을 더 명확히 밝히지 않았다. 그리고 기독교 신학이 중시하는 하느님, 독생자, 성령, 교회 등에 대해서도 민중신학적으로 명확히 재해석하지 않았다. 기독교 교육을 전공한 나에게는 민중들이 역사의 주체가 되는, 그 몸부림치는 생성 과정을 밝히는 것이 중요하다. 그래야 그들이 새 내일을 창출하는 과정에 우리가 동참할 수 있다. 동시에 하느님, 독생자, 교회 등의 개념을 새롭게 밝히는 것도 중요하다. 새 내일 창출 과정에 있어서 이런 중요한 개념들이 명확히 밝혀져야 하기 때문이다.

이와 같은 과제를 수행하기 위해서는 성서는 물론 새 내일을 위해서 몸부림을 친 역사적인 사건들을 면밀히 검토해야 한다. 수탈당하는 자들의 의식의 발전은 물론 악의 제도가 붕괴되는 과정도 밝혀야 한다. 이를 위해서는 수탈당하는 자들의 삶의 자리에서 역사를 검토해야 한다. 서구의 과정신학을 하는 신학자들은 역사에서 일어나는 사건들을 검토함으로 삶의 변화 과정을 추적한다고는 하지만 문제는 그들의 삶의 자리이다. 그들이 선 제1세계의 삶의 자리에서는 새 내일을 위해서 몸부림치는 밑바닥 사람들의 삶의 내면의 세계를 이해할 수 없다.[1] 한 맺힌 그들의 자리에 내려가서 그들과 같이 몸부림을 치지 않고서는 그들을 이해할 수가 없다.

1 Teilhard de Chardin은 「Some Reflection on Progress」(『The Future of Man』이라는 책의 제4장)이라는 글에서 무생물(electron)에서 시작한 이 세계의 진화는 우린 인간에게 와서 그 극에 이루었는데 이 인간이 앞으로 더 발전하기 위해서는 분열이 아니라 종합의 원칙에 따라야 한다고 본다. 그런데 인간 사회에는 힘으로 통합하려는 강자들이 있는데 그것은 오히려 분열을 조장한다. 종합을 이루어 새 차원의 내일을 이룩하기 위해서는 이웃을 자기 몸처럼 사랑하는 사랑의 정신이 지배해야 한다고 주장을 했다. 그것은 예수님이나 성현들이 가르친 가르침이다. 그러나 그는 이런 가르침이 누구를 통하여 싹이 트고 자랐는지는 말하지 않는다. 그와 같은 사랑의 정신은 결코 탐욕에 사로잡힌 강자들에게서 나오지 않는다. 그것은 억압을 받는, 한에 맺힌 무리들에게서 나온다. 성서가 그것을 밝히 말해준다. 구교의 신부인 그도 이것을 명확히 지적하지 못한다. 그가 선 자리가 밑바닥이 아니기 때문이다. 『The Future of Man』. pp. 64~67

이를 위해서는 무엇보다도 먼저 성서의 세계에 깊이 참여해야 한다. 성서의 세계란 새 내일을 창출하려고 몸부림을 친 한에 맺힌 민중들의 삶의 현장이기 때문이다. 그 속에 들어가서 밑바닥에서 아우성을 치던 무리들이 어떻게 역사의 주체가 되는지를 추구해야 한다. 야훼 하느님이 어떻게 깨우쳐 역사의 주체가 되게 했는지를 살펴보아야 한다. 동시에 악의 제도가 어떻게 붕괴되는지도 살펴보아야 한다.

그러나 성서의 세계에 들어가서 정의와 평화가 강처럼 흐르는 새 내일을 창출하려 몸부림을 치는 저들을 만난다는 것은 결코 쉬운 일이 아니다. 성서의 주역들은 신화의 세계에서 살았다. 따라서 그들의 언어란 다 신화의 분장을 하고 있다. 하느님의 모습을 그리는 일도 신화적으로 표현한다. 따라서 신화의 탈을 벗기고 그들의 언어의 밑바닥에 있는 삶의 진면목을 보아야 한다. 뿐만이 아니다. 성서의 무대에서 활약을 한 기득권자들은 거의 다 자기들의 삶을 미화하고 정당화하려고 했다. 오용하지 말라고 한 하느님의 이름까지도 자기들의 권력을 미화하는 일에 사용했다. 따라서 오늘에 이르기까지 성서를 읽는 사람들은 미화된 이야기들을 그대로 받아들여 역사의 진면목을 제대로 보지 못하고 동시에 새 내일을 창출하시려는 하느님의 역사도 제대로 깨닫지 못했다. 성서를 바르게 이해하려면 그들의 행동과 언어를 역사적으로, 사회경제학적으로 분석해야 한다. 그리고 그것이 하느님의 뜻과 어떤 관계에 있는지에 따라 평가해야 한다.[2] 그리고 하느님의 뜻을 체화한 하

---

2 이 일을 위하여 나는 Norman K. Gottwald와 Walter Brueggemann의 도움을 받았다.

느님의 종들이 어떻게 소외당하는 민중들과 더불어 새 내일을 창출했는지를 밝혀야 한다. 이것은 실로 엄청난 작업이다. 성서학을 전공하지 않은 나에게 있어서는 더욱 그렇다.

이렇게 성서와 씨름을 하는 도중에 나는 또 다른 충격을 받았다. 한국의 민중만을 생각하고 있던 나의 눈에 전 세계 방방곡곡에서 부평초처럼 떠도는 떠돌이들의 몸부림치는 모습이 역력히 보인 것이다. 뉴욕이란 곳은 전 세계에서 일어나는 일들이 언론이나 텔레비전을 통해서 생생하게 중계되는 곳이다.

나의 마음을 뒤흔든 사건은 미국에 들어온 지 3년이 되는 1995년, 뉴욕타임즈에 게재된 한 떠돌이에 대한 기사다. 멕시코에서 불법 입국을 한 한 청년이 플로리다에서 경찰에게 붙잡혀 연행될 때 경찰에게 호소하는 것을 본 한 기자가 적은 이야기다. 이 청년은 다른 친구와 함께 삼엄하게 경비되고 있는 국경을 넘어 플로리다에 있는 친구를 찾아가려고 했다. 그 친구가 보낸 편지에 의하면 식당에서 그릇을 닦는 일을 해도 먹고 살 수 있으며 한 달에 100불 정도는 고국에 있는 집에 송금을 할 수 있다는 것이다. 그들은 이 소식에 용기를 내어 야밤을 타서 밀입국하여 플로리다로 향한 것이다. 들에서 채소나 과일을 훔쳐 먹으며 빈집에서 또는 숲 속에서 자면서 플로리다로 향한 것이다. 그러나 도중에 불행하게도 친구는 숲속에서 독사에게 물려 죽고 자기 혼자 플로리다에 와서 친구의 집을 찾다가 잡힌 것이다. 자기가 직장을 얻어야 집 식구와 친구의 집 식구가 산다고 호소해도 이것은 마이동풍이었다. 이 기사를 읽은 나의 마음은 찢어지는 것 같았다. 해방 전 만주에서, 고국으로부터 밀려난 무리들을 많이 보기는 했지만 이렇게 마음 아픈 이야기는 처음 듣는 것이었다. 그 후 급조된 배를 타고 구라파로 들어오려던 아프리카의 빈민들이 대서양에서 파선했다느니, 사하라 이남의 수많은 빈민들이 사막을 건너다가 쓰러졌다느니, 에티오피아 등 북아프리카의 떠돌이들이 지중해를 건너려다가 수장이 되었다느니, 아니면 남아시아의 빈민들이 터키를 통해서 서유럽으로 밀입국을 한다느니 하는 기사들이 나를 엄습했다. 그러고 보면 남아시아의 많은 빈민들은 잘산다는 일본이나 한국으로 모여들기도 한다.

그래도 이렇게 밀입국을 한 자들은 행운아들이다. 그럴만한 자금이라도 있기 때문이다.

그 밖의 밑바닥 무리들의 삶이란 이루 더 말할 수 없다. 이것을 이용하는 악덕배 기업인들은 연약한 부녀자들과 어린이들을 유혹, 납치해서 성매매 여성 또는 노예로 팔아넘긴다. 이런 떠돌이들의 수는 날로 늘어만 간다. 옛날의 노예는 그래도 살만한 곳으로 마음대로 찾아 갈수가 있었다. 해고를 당할 염려도 없다. 그러나 오늘의 떠돌이들은 이주의 자유도 없다. 직장의 보장도 없다.

이런 자들의 수효는 날로 늘어만 간다. 세계은행의 통계에 보면 하루에 1불로 사는 사람들이 인류의 3분의 1인 22억 명이나 된다고 한다. 그리고 2불로 사는 사람들이 인류의 3분의 2인 44억 명이나 된다는 것이다. 이것은 날로 늘어나는 전 세계적인 빈부 격차 때문이다. 부유한 20퍼센트의 나라들이 세계의 부의 76.6퍼센트를 차지하고 가난한 20퍼센트의 나라들이 세계 부의 1.5퍼센트를 차지하고 있다는 것이 아닌가?[3]

이와 같은 양극화는 새로 부흥하고 있는 중국에서도 위험 수준이다. 고임금 업체와 저임금 업체의 차이가 열다섯 배요, 상위 1퍼센트의 보유 재산이 전 국민 보유 재산의 41.4퍼센트라는 것이다.[4]

나는 이 현실을 보면서 성서의 하느님은 이런 떠돌이들을 보고 아파하셨고 그들의 새 내일을 위해서 역사를 운영하신다고 믿게 되었다. 출애굽 사건이 바로 떠돌이들에게 새 내일을 창출해주신 사건이 아닌가? 예수님과 더불어 하느님 나라 운동을 한 자들 역시 당시 사회에서 완전히 밀려난 떠돌이들이 아닌가? 그들 때문에 하느님은 아파하셨고 그들을 통해서 새로운 생명 공동체를 마련하신 것이다.

이렇게 생각하면서 나는 '민중'이라는 말과 '떠돌이'라는 말을 비교해보았다. 한국에선 탄압하는 기득권자들에게 항거하여 일어난 자들을 민중이라 일컬었다. 만적의 난, 임꺽정 장길산 등을 두목으로 하여 일어난 민란, 최제우가 일으킨 동학운동, 3·1독립운동 등에 호응하여 일어난 밑바닥 무리들을 민중이라고 했다. 4·19에 일어났던 젊은이들, 전태일의 분신자살로 봉기되었던 무리들을 민중이라고 불렀다. 이렇게 봉기한 무리들이 가지각색이었기에 민중이라는 개념을 한마디로 정의하기가 어렵다. 그러나 그들의 특징은 하나같이 악한 세력에 항거한 밑바닥 무리들이다. 민중 신학자들은 그들이 역사의 주인이라고 지칭했다.

3 World Bank Development Indicator 2008.

4 『Pressian』 9/28/2010 청하대학 사회발전연구소.

그러나 여기에서 주목해야 하는 것은 그들이 역사의 주인이 되지 못했다는 것이다. 그들이 수탈하는 자들을 보면서 과감히 항거한 것은 놀라운 일이나 스스로 역사의 주인이 되지는 못했다. 간혹 그들이 혁명을 이룩하는 일이 있다. 그러나 대부분의 경우 역사의 악순환이라는 서글픈 이야기로 끝난다. 왜 그런가? 그것은 김지하가 말한 대로 한에 맺힌 자들은 같은 악을 반복하게 되기 때문이다. 만적의 난이 그 좋은 예다. 고려 말 무인들이 집권하여 득세하는 것을 보고 그들의 종들이 '우리라고 저들처럼 살지 못할 이유가 없다'고 생각한 것이다. 새 가치로 무장을 하지 못했기 때문이다. 마음의 변화가 없기 때문이다. 따라서 같은 과오를 범하게 된다. 전태일의 아름다운 희생을 통해서 이룩한 민주화가 새 내일을 초래하지 못한 것이 바로 그 때문이다. 이것을 보면서 젊은 민중신학자 김진호는 「대로에서 헤매기」라는 글에서 새 내일의 도래를 외친 제2 이사야의 환상에 싸여 예루살렘으로 돌아간 이스라엘 백성들의 같은 악을 되풀이하면서 헤매는 모습과 마찬가지라고 한탄했다.[5] 그러나 이집트에서 탈출한 히브리인들은 새로운 평화공동체를 이룩했다. 예수님은 갈릴리의 오클로스들과 더불어 하느님 나라를 이룩했다. 이것은 무엇을 말하는 것인가?

출애굽을 한 히브리인들은 스스로 신이라고 하는 이집트 제국의 바로에 항거하여 자기들의 몫을 찾을 수가 없는 떠돌이들이다. 이집트의 바벨탑을 무너뜨리고 새로운 정의와 평화의 공동체를 이룩할 수도 없

---

5 김진호, 「대로에서 헤매기」, 『시대와 민중 신학 8』, 다산글방, 1990, 165~183쪽

다. 그들의 새 내일이란 그곳에서 탈출하여 새로운 평화공동체를 이루는 것밖에 다른 길이 없다. 갈릴리의 오클로스도 그랬다. 하느님은 강자들이 세운 바벨탑에서 쫓겨난, 그 사회에서 바라볼 아무런 소망도 없는 국외자들을 선택하여 새 내일을 창출했다. 기존 제도에서 자기 몫을 찾겠다는 민중들과는 완전히 다르다. 악랄한 자본주의 산업 문화를 뒤엎겠다는 야망을 가진 자들도 아니었다. 그리고 그것이 가능하지도 않다.

그러고 보면 한국 민중신학자들의 과오는 민중의 개념을 명확히 규정하지 못한 것이다. 성서에서 새 역사의 주인공은 떠돌이들이라는 것을 명확히 보지 못한 것이다. 동시에 그들이 지향해야 하는 새 역사가 어떤 것이며 어떻게 그 역사를 이룩할 수 있을 것인지를 밝히지 못한 것이다.

그러나 21세기에 들어오면서 자본주의 산업 문화가 극성을 부리는 오늘날 전 세계를 통하여 떠돌이들이 양산되고 있다. 물론 한국에도 아무 소망이 없는 밑바닥 사람들이 있다. 그들도 한국 사회에서 아무 소망이 없는 떠돌이라는 것을 명확히 깨닫고 새 내일을 갈망하면서 아우성을 칠 때 새 내일의 주인공이 될 수 있다.

이제 나는 먼저 성서를 중심으로 떠돌이들을 양산하는 바벨탑의 정체를 밝히면서 어떻게 떠돌이 문제가 성서의 중심 문제가 되었는지 그리고 하느님이 어떻게 떠돌이들을 앞세워 새 내일을 창출했는지를 살펴볼 것이다. 이를 위해서 나는 창세기 2장에서 11장에 걸쳐 있는 소위 원역사를 살펴볼 것이다. J 기자는 하느님이 진흙으로 된 아담의 몸에 그의 영을 불어넣어 산 인간이 되게 하셨는데 그 몸이 이기심으로 오만불손하게 하느님과 같이 되려고 바벨탑을 쌓아 영구 집권을 하려고 한 것이 만악의 근원이 되었다고 보았다. 이 바벨탑이 떠돌이들을 양산했기 때문이다. 그리고 하느님은 그 떠돌이들을 통하여 그가 바라는 새 내일을 창출하시려고 한다고 본 것이다. 따라서 이 책의 이름도 '바벨탑과 떠돌이'라고 정했다.

나는 첫째로 히브리인이라고 하는 떠돌이들의 실체를 살펴보고 떠돌이들이 이집트라는 바벨탑의 억압 아래서 어떻게 탈출하여 새 내일을 창출했는지를 살펴볼 것이다. 동시에 그 생명 공동체의 정체도 밝혀볼 것이다. 히브리인들이 이 이집트의 바벨탑에서 탈출하여 생명 공동체를 이룩한 사건이란 새 내일 창출의 원형이기도 하다.

둘째로 바벨탑이 어떻게 재생되고 그것이 어떻게 하느님의 뜻에 역행하는 것인지를 살펴볼 것이다.

셋째로 이 바벨탑이 어떻게 망하고 그 바벨탑의 억압 속에서 어떻게 떠돌이들이 각성하여 새 내일을 창출하는지를 살펴볼 것이다. 이 과정에서 떠돌이들이 어떤 과정으로 새 내일을 창출하는지를 역사적으로 살펴볼 수 있을 것이다.

이 과정을 통하여 우리는 하느님에 대한 이해와 그의 독생자라고 하는 예수님과 삼위일체의 일원이라고 하는 성령에 대한 이해도 새롭게 할 수 있을 것이다. 동시에 이 새 내일 창출 과정과 교회와의 관계도 밝혀질 것이다.

마지막으로 이것이 21세기를 사는 새 내일을 갈망하는 자들에게 무엇을 깨우쳐주는지를 정리해보겠다.

출애굽 이야기

이스라엘 백성들의 신앙고백의 뿌리가 되는 출애굽 기사는 주로 다윗 왕에서 솔로몬 왕 시대의 J 기자가 그들 사이에 전수된 감격적인 출애굽에 관한 전승들을 정리해서 기록한 신앙고백의 기록이다. 당시 다윗 왕에게서 솔로몬 왕에게로 오면서 출애굽 전통을 크게 이탈하여 그릇된 길로 치닫는 것을 본 J 기자는[6] 출애굽 전통을 되살리고자 했다. 야훼 하느님의 특별한 은총으로 종살이에서 벗어나서 정의와 평화의 계약 공동체를 이룩했던 전통을 되살려서 후손들에게 이를 밝히고자 한 기록이라고 보아야 한다.

6 J 기자란 다윗 왕조 초기에 출애굽 전통을 정리하여 기록한 자로 그는 신의 이름을 야훼(Yahweh)라고 기록했다. 그랬는데 이를 영어로 옮기면서 여호와(Jehovah)라고 기록을 했다 그래서 그 기자를 J 기자라고 부른다. 반면에 북방 이스라엘에서 출애굽 전통을 취급한 기자를 E 기자라고 부르는데 그가 하느님의 이름을 엘로힘(ELOHIM)이라고 불렀기 때문이다. 따라서 이 글에서도 구약에서 Yahweh라고 부른 대목은 그대로 야훼라고 기록할 것이다.

그러나 이 출애굽기에 있는 이야기는 그대로의 역사적인 기록이 아니라 주로 J 기자가 그들이 전수받은 출애굽에 관한 설화들을 정리해서 기록한 문서이다. 대부분의 학자들은 J 기자가 이 설화들을 정리한 것은 통일왕국, 특히 솔로몬 왕 때에 기록된 것이라고 주장한다.[7]

그는 이야기의 첫 머리에(창 2-11장) 당시 메소포타미아에 유포되고 있는 신화들 중에서 하느님 이해에 적절한 것들을 선택하고 수정하였다고 말한다. 야훼 하느님이 지으신 세상은 지극히 아름다운 것인데 인간의 욕망으로 인해 야훼의 뜻을 거슬러 에덴동산에서 추방당했을 뿐만 아니라, 각자위심各自爲心에 사로잡혀서 바벨탑을 쌓고 서로 살해하는 아수라장으로 만들었다고 선언한다. 그리고 이어서 하느님은 강자들의 각축전에서 추방당하여 떠돌이가 된 외로운 아브라함을 불러서 그의 후손을 통하여 새 내일을 창출하실 것이라고 선언한다.[8] 그리고 이 선언은 힘에 도취하여 오만불손하게 된 인류들이 거듭 바벨탑을 쌓고 약자들을 수탈하여 떠돌이로 만든다는 것을 예표한다. 야훼 하느님은 오만한 권력자늘에게 밀려 쫓겨난 떠돌이늘을 통하여 역사를 새롭게 한다는 J 기자의 깊은 역사 이해를 첫 머리에 제시한 것이다.

7   Norman K. Gottwald: 『The Hebrew Bible』, A Socio-Literary Introduction, Fortress Press, Philadelphia, 1985, p.374

8   Walter Brueggmann: 『An Introduction of the Old Testament』, Westminster John Knox Press, Louisville, London, 2003, p.32 ; Norman K. Gottwald: Ibid., p.334

바벨탑과 떠돌이

구약의 원역사라고 불리는 신화들은 2장에서부터 11장에 걸쳐 기록되어 있다. 이 신화들은 당시 메소포타미아에 유포되고 있는 인류의 시작을 이야기하는 신화들 가운데서 선정한 것들로, J 기자는 이 신화들을 사용하여 그의 역사 이해의 신학적 틀로 삼았다. 이 신화들을 기반으로 하여 하느님이 아름답게 지어주신 에덴동산이 어떻게 바벨탑이 상징하는 약육강식을 일삼는 살벌한 세상이 되어가는지를 설명했다. 이는 동시에 오만에 가득 찬 강자들에게 밀려난 떠돌이들을 통해서 하느님은 정의롭고 평화로운 새 내일을 창출하신다는 그의 역사관을 살펴볼 수 있는 열쇠이기도 하다.

J 기자는 에덴동산에 관한 신화를 제시한다. 이 이야기에 의하면 하느님은 무에서 유를 창조하신 것이 아니라 이미 땅이 있었다는 것이다. 그러나 그 땅은 비가 오지 않아서 아무런 생명체가 없는 메마른 땅

이었다. 야훼 하느님은 그 땅에 샘이 솟게 하신 뒤 진흙을 빚어 아담의 육체를 만드셨다는 것이다. 아담이라는 이름은 흙이라는 히브리 말에서 유래한다. 야훼 하느님이 생명 없는 육체흙에 그의 기운을 불어 넣었더니 생명 있는 인간이 되었다는 것이다. 아담은 이렇게 흙으로 돌아갈 육체와 하느님의 영이 하나가 된 생명체라는 것이다. 진화론적인 가톨릭 신부 Teilhard De Chardin도 인간은 물론 물질 자체에 영적인 것이 내재해 있다고 증언을 한다.[9]

하느님은 아담을 맑은 강이 흐르고 그 좌우에는 아름다운 열매가 맺는 과일 나무들이 둘러선 풍요로운 에덴동산에서 살게 하셨다. 그리고 그가 외로워하는 것을 보시고 그의 갈비뼈로 동반자인 하와를 지어주셨다. 그러자 그의 입에서 인류 최초의 시가 흘러나왔다.

"드디어 나타났구나.

내 뼈에서 나온 뼈요

내 살에서 나온 살이로구나.

지아비에게서 나왔으니

지어미라 부르리라." (창 2:23)

야훼 하느님이 맑은 샘이 흐르고 먹을 과일들이 풍성한 에덴동산을

---

9   Norman K. Gottwald, op.cit. p.329. Pierre Teilhard Chardin: (trans. by Norman Deney) 『The Future of Man』, Image Books Doubleday, New York, London, Toronto, Sydney Auckland, 1959, p.57

주시고 서로 기를 나누면서 삶을 살아갈 동반자까지 마련해주셨으니 감격하지 않을 수가 없었다는 것이다. 그는 그녀를 껴안았음에 틀림없다. "이리하여 남자는 어버이를 떠나 아내와 어울려 한 몸이 되게 되었다."(창 1:24)라고 기록되어 있음이 그것을 말한다.

이 이야기에서 우리는 히브리인들의 인생관이 극히 적극적이요, 이 세상은 허무하고 그림자와 같다는 헬라 철학이나 힌두 철학과는 완전히 다름을 본다. 동시에 인간이 이기심 때문에 타락하여 자신의 삶을 비참하게 만들기는 하나, 하느님의 궁극적인 목표는 인간을 에덴동산이 원래 내포하는 '생명이 충만한 에덴동산'으로 환원시키리라는 것이다. 그것이 야훼 하느님의 역사 경륜의 목표라는 것이다.

그러나 아담과 하와는 이 에덴동산에서 추방을 당한다. 아담과 하와가 먹지 말라는 선악과를 먹었기 때문이다. 유혹하는 뱀의 말에 넘어가서 자기들도 선악을 아는 지혜가 충만한 하느님과 같은 존재가 되려고 했다는 것이다. 스스로 지혜 있는 자로 자처하면서 위에 군림하려는 것이다. 앞으로 다시 설명하겠지만 다윗 왕과 솔로몬 왕이 이 유혹에 넘어가서 이스라엘 백성을 파멸의 길로 이끈 것이다. 이 뱀의 속삭임이란 자기만을 생각하는 육의 유혹이다. 육이란 언제나 자기만을 생각한다. 그리고 하느님이 주신 자유를 오용하여 야훼 하느님의 뜻에 역행한다. 이것을 우리는 자라는 어린이들에게서 본다. 아직 어린이들은 자기들의 존명을 위하여 극히 이기적인 모습을 보인다. 어머니가 피곤해해도 아랑곳하지 않는다. 병들어 아파도 젖을 달라고 떼를 쓴다. 우리는 이것을 사춘기의 청소년들에게서도 본다. 자아가 본격적으로 확립하면서 부모의 뜻에 역행을 한다. 예수님이 들려주신 탕자의 비유를 보라. 사춘기에 든 둘째는 자기주장대로 부모의 재산의 반을 가지고 집을 떠난다. 육신의 유혹에 따라 자유를 행사하려는 것이다.

하느님이 우리에게 자유를 주셨을 때 우리가 그 자유를 그릇되게 쓰실 것을 몰랐을 리 없다. 그런데도 하느님은 우리에게 자유를 주셨다. 그래서 아담, 하와가 선악과를 따 먹었고 둘째 아들은 출가를 했다. 그 출가하는 아들을 아버지는 막으려고 하시지 않았다. 결국 그 아들은 가진 것을 다 탕진하고 발붙일 곳이 없어서 돼지가 먹는 쥐엄나무 열매로 배를 채워보려고 했다. 감당할 수 없는 고난의 수렁에 빠진 것이다. 이렇게 아버지가 아들의 자유를 허용하신 것은 고난을 통하여 깨닫고 돌아올 것을 아셨기 때문이다.

원역사의 아담과 하와도 예수님의 비유의 둘째 아들처럼 선악과를 따 먹고 평화스런 에덴동산에서 추방을 당하여 고난의 길에 들어서게 된다. 그리고 아담의 두 아들 사이에 비극이 벌어진다. 힘의 철학에 사로잡힌 형 가인은 자기가 으뜸이 되어야 한다는 그릇된 질투심에 사로잡혀 돌을 들어서 약자인 동생 아벨을 죽인다.(창 4장) 이렇게 약육강식의 악이 태어나고 죽임의 비극이 벌어진다. 이렇게 에덴동산의 평화공동체는 파괴되고 만다.

그러나 인간에게 자유를 주셨을 때 창조주는 인간이 그들의 육의 충동에 따라서 그릇된 길로 갈 것을 아셨다. 따라서 이에 대한 대책을 마련하셨다고 J 기자는 본 것이다. 그것은 무엇일까? 지식이 많고 덕망이 높은 학자를 통해서가 아니다. 정의와 평화를 사랑하는 통치자의 출현으로 이룩되는 것도 아니다. 성서는 그렇게 말하지 않는다. 성서는 강자들에게 억압받고 수탈당하는 약자들을 통해서 새 내일을 창출하실 것이라고 말한다. 약자들이 고난의 골짜기를 지나는 쓰라린 경험을 통하여 그들 속에 있는 생명을 갈구하는 영이 피어나 새 내일을 추구할 것이라고 믿었기 때문이다. 야훼 하느님은 형 가인에게 죽임을 당한 약자 아벨 대신으로 셋을 주셨는데 그 셋의 후손에서 야훼를 예배하는 자들이 태어날 것이라고 말한다.(창 4:25-26)

그 후에 소위 거인족이 나타나 일대 혼란을 일으킨 이야기가 삽입된다. 이것은 탐욕에 사로잡힌 힘의 철학이 극에 달한 것이다.[10] 그 결과로 노아 홍수의 참극이 연출된다. 그렇게 육의 욕망에 사로잡힌 인류는 하늘에 닿는 탑을 쌓고 하느님께 도전한다. 그렇게 힘의 철학으로 오만불손해진 인류는 집단적인 제도를 만들고 서로 싸우며 일대 혼란을 일으키게 된다. 말이 통하지 않아 서로 갈라진다는 것은 이와 같은 상쟁을 말하는 것이다. 그 후 인류 역사를 통하여 하느님의 뜻에 역행하는 자들은 계속 이와 같은 바벨탑을 쌓아 땅 위에 참담한 비극을 만들어낸다. 그 결과 의지할 곳이 없는 떠돌이들이 양산된다.

그러나 약자 셋의 후손에서 노아가 탄생한다. 노아가 홍수에서 건짐을 받은 뒤 야훼 하느님은 무지개를 보여주시면서 다시는 그런 저주가 반복되지 않는 새 내일을 약속하였다.(창 9) 그리고 그의 후손에서 인류 역사를 새 차원으로 승화시킬 아브라함이 등장한다.

10　강요섭, 『복음의 시작, 길의 건설』, 한국신학연구소, 1991, 41~42쪽

아브라함은 바로 강자들의 쟁탈전에서 밀려난 떠돌이를 대표하는 상징적인 존재다. 이 고난의 골짜기를 통과하는 떠돌이들 속에서 하느님의 생명의 영이 부풀어 올라 새 역사를 창출한다는 것이다. 이렇게 J 기자는 고대인들의 경험을 통하여 이루어진 신화를 통해서 인류사가 어떻게 분열되어 바벨탑을 쌓으면서 계속 죽음의 골짜기로 치닫게 될 것인지를 밝혀준다. 그리고 그들로 말미암아 떠돌이가 된 자들을 통해서 하느님의 창조의 목적을 이룩하시리라는 것이다. 그러고 보면 이 이야기들을 통하여 하느님의 역사가 어떻게 발전될 것임을 암시해준다. 다시 말해서 바벨탑과 떠돌이의 대결을 통해서 하느님의 역사 경륜이 이룩된다는 것이다.

둘째 마디 # 족장들의 이야기 (창 12-50)

아브라함을 비롯한 족장들의 이야기란 그대로 역사적인 기록이 아니라 J 기자를 중심으로 한 E 기자들이 세겜, 베델, 마므레, 헤브론, 벳새다, 모리아 산, 예루살렘, 브니엘, 마하나임, 갈릴리 등 여러 지방에 유포되고 있는 떠돌이들의 설화들을 수집하여 이를 신학적으로 정리한 것이다. 그리고 이 이야기의 두 주인공은 아브라함과 야곱이다. 아브라함의 이야기는 떠돌이에게 주어진 사명을 밝히는 이야기요 야곱의 이야기는 두루 방황하는 떠돌이들의 삶의 모습을 보여준다.

창세기 12장 1절에서 3절에 있는 야훼 하느님이 아브라함에게 나타나서 그에게 세 가지 약속을 하시면서 그와 계약을 맺으신 이야기를 주목해야 한다. J 기자에 의하면 아브라함은 갈대아 우르에서 쫓겨난 떠돌이다. 그는 하란에 정착하려고 했으나 야훼 하느님이 주신 약속을 믿고 다시 떠돌이 생활을 시작했다. 그 약속이란 세 가지다. 첫째로 그에게 땅을 주시겠다는 것이다. 둘째로 그의 자손들을 창성하게 하시겠다는 것이다. 셋째로 그의 후손을 통해서 민족들이 서로 축복하는 세상을 만들겠다는 것이다.

창세기 13장 14절 이하에 이렇게 기록되어 있다.

"고개를 들어 네가 있는 곳에서 동서남북을 둘러 보아라. 네 눈에 비치는 온 땅을 너와 네 자손에게 아주 주겠다. 나는 네 자손을 땅의 티끌만큼 불어나게 하리라. 땅의 티끌을 셀 수 없듯이 네 자손도 셀 수 없게 될 것이다."

이렇게 아브라함에게 넓고 광활한 땅을 약속하셨고 동시에 수많은 후손을 약속하셨다. 이 약속이야말로 외로운 떠돌이에게 있어서는 너무나 감격스런 것이 아닐 수가 없었을 것이다. 땅에서 쫓겨난 그에게 있어서 땅이란 희망이자 가능성이자 새로운 삶의 터전이다. 땅 없이 육신이 존명할 수가 없기 때문이다.

그러나 사람이 땅만 가지고 기쁨과 보람을 느낄 수는 없다. 서로 위하고 아끼는 공동체가 있어야 한다. 일가친척과 친지들을 떠나 아이를 낳지 못하는 아내 사라와 더불어 외로운 삶을 사는 떠돌이 아브라함에게는 더더욱 감동스러웠을 것이다. 그것도 그의 후손이 하늘의 별, 땅의 티끌처럼 창성하리라는 것이다. 앞으로 새로운 세상을 만들려면 그와 뜻을 같이하는 동족들이 늘어나야 한다. 그가 떠돌이로 쫓겨난 것도 세가 약해서가 아니었는가.

이렇게 감격해하는 아브라함에게 야훼 하느님은 세 번째 약속을 하신다.

"네 후손을 통하여 민족들이 서로 축복하면서 살게 되리라."[11]

그의 후손을 통하여 민족이 서로 축복하면서 사는 평화의 세계가 오리라는 것이다. 이것이야말로 아브라함이 간절히 바라던 것이다. 나라와 나라, 민족과 민족이 힘의 철학에 사로잡혀서 자기들의 욕망을 채우려고 계속 바벨탑을 쌓아 약자들은 발붙일 곳이 없는 떠돌이로 밀려나기 때문이다. 평화를 갈구하는 그의 후손이 하늘의 별처럼, 땅의 티끌처럼 많아져야 서로 축복하면서 정의롭게 사는 세상을 만들 수 있기 때문이다. 그래서 그는 야훼 하느님과 계약 관계를 맺었던 것이다. 그리고 떠돌이로 돌아다니면서 이 계약을 붙잡고 놓지 않았다.

그러나 그 계약은 쉽게 이루어지지 않았다. 그의 아내 사라가 죽을

---

11 흔히 "네 자손을 통하여 만방이 축복을 받게 되리라."라고 수동형으로 번역을 한다. 그러나 그 동사에 점을 상호 형으로 찍으면 "서로 축복하리라."라고 해석이 된다. 이렇게 될 때 그 의미하는 바는 크다. "아브라함의 후손을 통하여 만방이 축복을 받게 되리라." 하면 이스라엘이 만방에 축복을 전하는 주체가 된다. 다윗 전통은 그렇게 해석을 하고 메시아사상을 발전시켰다. 그러나 "아브라함의 후손을 통해서 만방이 서로 축복을 하게 되리라."라고 번역을 하면 이스라엘이 주체가 되는 것이 아니라 서로 축복을 하는 평화의 공동체를 이룩한다는 말이다. J 기자의 경우 틀림없이 사역형으로 기록했을 것이다. 가나안 땅에 정착을 한 출애굽 공동체는 여러 종족이 서로 축복을 하면서 사는 공동체였기 때문이다. 예수에게 와서 이룩된 하느님 나라 역시 서로 축복을 하는 평화의 공동체다. 그렇기에 이 단어는 "서로 축복하리라."라고 번역해야 한다. E. A. Species, 『Genesis』, The Anchor Bible, Doubleday & Company, Inc., Garden City, New York, 1979, p.96

때에 그를 묻을 땅이 없었다. 눈이 닿는 땅을 다 주시겠다고 했는데 말이다. 하늘의 별처럼 땅의 티끌처럼 후손이 창성하겠다고 했는데 그에게는 아들 이삭 하나밖에 없었다. 그런데도 그는 이 약속을 굳건히 잡고 놓지 않았다. 왜냐하면 떠돌이인 그에게는 이 야훼의 약속밖에 다른 소망이 없었기 때문이다.

이것은 물론 아브라함에게 국한되는 바람이 아니다. 갈 바를 알지 못하는 앞이 캄캄한 떠돌이들은 누구나 할 것 없이 마음 깊은 곳에서 다 이 세 가지를 갈망하고 있음에 틀림없다.

출애굽 이야기

(1) 히브리인의 이야기

본격적인 이야기는 애굽에서 종살이를 하는 '히브리인'에게서 시작한다. 야곱의 열두 아들의 자손 70명이 살 길을 찾아서 애굽에 들어갔다고 출애굽기 벽두에 기록되었다. 애굽 땅에서는 스스로를 현현한 신이라고 하는 바로 왕이 엄청난 힘으로 이집트 제국이라는 바벨탑을 쌓고 위세를 부리고 있었다. 이집트의 나일 강 하류 삼각지대에는 수없이 많은 떠돌이들이 모여들어와 있었다.

당시 그들은 히브리인라고 불렸다. 그 '히브리인'이란 본래 어떤 특정의 민족이 아니다. 그들은 고향 땅의 강자들에게서 밀려나 두루 헤매는 떠돌이들이다. 그들은 밀려나 떠돌이가 되어 도적질도 하고 때로는 강도의 무리가 되기도 한다. 강자들에게 붙어 종살이를 하면서 연명을 하기도 하고 농노가 되어 도시에 사는 지주들을 위해서 땀을 흘리기도 한다. 때로는 강자들을 위해서 싸우는 용병이 되기도 한다. 그러다가 기회를 보아 악랄한 지주들을 물리치고 자주농민이 되려고 하는 농민혁명군이 되기도 한다. 현실 사회에서 앞이 완전히 가로막힌 이들은 존명을 위하여 수단과 방법을 가리지 않는다.

가나안 땅 벳산이라는 곳에서 발견된 이집트 왕 세티 1세(주전 1305-1290)의 기념비에 보면 당시 도시국가였던 예루살렘의 왕이 세티 1세에게 보낸 다음과 같은 편지가 새겨져 있다.

"히브리인들이 이집트 왕의 땅을 침범합니다.
"히브리인들이 예루살렘을 위협하고 있습니다." 등등.

이와 같은 떠돌이들의 이야기들은 고대 진흙판에 새겨서 쓴 쐐기문자로 기록이 되었는데 주전 18세기 메소포타미아의 기록에서도, 중동의 히타이트 사람들의 문화에서도 발견이 된다. 그리고 애굽의 나일 강가에서 가장 많이 발견된다.[12]

구약의 히브리인이라는 말도 이 '하비루'에서 나온 말이다. 요셉이 애굽에 팔려가서 바로의 경호장이 되었을 때 보디발의 부인이 유혹하는 것을 뿌리치고 나가자 그녀는 남편에게 "당신이 데려 온 그 히브리 종녀석 말이어요. 글쎄 그 놈이 내 방에 들어 와 나를 농락하려 하지 않겠어요?" 하고 요셉을 흠잡는다.(창 39:17) 당시 아브라함, 이삭, 야곱 등이 산 가나안 땅에는 벌써 히브리인들이 모여들어 더불어 산 땅이었

---

12 문익환, 『히브리 민중사』, 삼민사, 1991년, 16~17쪽

음에 틀림이 없다. 이렇게 수많은 하비루들이 비옥한 나일 강변으로 몰려들었다. 물론 존명을 위해서이다.

(2) 모세와 출애굽 사건

그들의 일부는 모세의 인도에 따라 홍해를[13] 건너서 시내산에서 야훼 하느님과 계약 관계를 맺고 가나안 땅에 정착을 했다고 기록되어 있다. 물론 이 출애굽 기사가 문자 그대로 역사적인 사실은 아니다. 그러나 모세라는 인물의 지도로 떠돌이들의 일부가 애굽에서 탈출해서 가나안 땅에 정착한 것은 틀림없는 역사적인 사실이라고 보아야 한다. 모세라는 이름도 애굽인의 이름에서 연유한 것인데 본래 '끄집어내다to draw out'라는 의미가 있다.

그러고 보면 모세의 탄생 설화도 깊은 의미가 있다. 그가 태어났을 때 히브리인들의 인구 증가가 너무 심해서 바로 왕은 크게 걱정했다. 외국군이 쳐들어올 경우 히브리인들이 그들에게 가담할 것을 걱정했다는 것이다. 그래서 히브리 산모들이 해산하는 경우 그 아기가 남자이면 다 죽이라는 명령을 내렸다. 그러나 산모들이 이에 협조를 하지 않자 히브리인들의 남자 아이들을 다 나일 강에 버리라는 명을 내렸

---

13 본래 애굽의 갈대가 우거진 바다(reed sea)를 잘못 변역해서 홍해(red sea)라고 번역을 했다는 것이다. 출애굽 14장 22절의 "홍해가 갈라져서 좌우의 벽이 되어"란 P 기자가 추가한 것이요, 21장의 "밤새도록 바람이 불어서 바다 물을 뒤로 밀어 붙였다"라는 것이 본래 전통이다.

다. 그렇게 해서 아기 모세가 갈대 상자에 담겨 나일 강에 던짐을 받았으나 오히려 그는 바로의 딸의 도움을 받아 바로의 궁전에서 그의 어머니의 젖을 먹으면서 성장하게 되었다. 이렇게 하느님이 그를 보호하신 것은 그를 히브리인들의 출애굽의 지도자로 삼으시려는 것이었다고 J 기자는 서술한다. 이 이야기의 밑바닥에 흐르는 신학은 하느님이 아브라함의 후손이 하늘에 별, 땅의 티끌처럼 많아질 것이라는 약속을 하느님이 지키셨다는 것이다.

이렇게 바로의 궁중에서 자란 그는 군병들의 채찍 밑에서 고난을 겪는 동족들을 생각하면서 괴로워했음에 틀림없다. 동시에 그 높은 바벨탑에 군림하고 있는 바로의 정책의 악랄함을 직시하고 이에 반항심을 기른다. 뿐만 아니다. 히브리인들의 앞날에는 아무런 소망이 없다는 것도 명확히 본다. 히브리인들의 피땀으로 바벨탑을 쌓고 권세와 영광을 누리는 바로 왕이 그들에게 새 내일을 허용할 까닭이 없다는 것을 명확히 깨닫는다. 말하자면 바벨탑의 악랄함을 명확히 각覺을 했다는 것이다. 따라서 그가 청년이 되자 결단을 내린다. 자기의 동속늘을 도우리라고 결심한다. 그는 동족을 해치는 애굽 군병을 때려 죽여 모래밭에 파묻는다. 그리고 서로 싸우는 동족들을 깨우치려고 한다.

그러나 완력을 통한 그의 뜻이 히브리인들에게 통하지 않았다고 J 기자는 말한다. "어저께는 애굽 군인을 죽이더니 오늘은 나를 죽이려느냐?"고 항의를 하는 것이다. 존명을 위해 눈치를 보면서 사는 저들에게 모세는 위험인물로 보인 것이다. 동족인 히브리인조차 그를 이해하지 못했다는 것이다. 미디안 광야로 도피를 하는 그의 마음은 실로 한탄스러웠을 것이다.

　그러나 생각해보면 히브리인들이 그렇게 행동하는 것을 이해할 수 있다. 그들은 바벨탑에 항거하는 것은 계란으로 바위를 치는 것과도 같다고 본 것이다. 함부로 모세와 동조하다가는 화를 입을 것임에 틀림없다고 느낀 것이다. 기왕 이렇게 된 바에야 애굽 사람들에게 아첨을 하면서라도 생존을 해야 하는 것이다. 쥐구멍에도 해 뜰 날이 있다는데 앞으로 좋은 날이 오지 않으리라고 누가 단언할 수가 있을 것인가. 꾹 참고 기다려 보는 것이야. 아첨을 하면서라도.

　이것이 당시 애굽에서 종노릇을 하는 히브리인들의 생각이었을 것이다. 다시 말해서 모세가 아무리 바벨탑의 정체를 알고 이에 항거하려는 결단을 내렸다고 해도 혼자의 힘으로는 어떻게 할 수 없었다는 것이다.

(3) 야훼와의 해후와 출애굽의 기적

　이렇게 미디안 광야로 도피하여 이드로라고 하는 사제의 사위가 되어 양을 치는 모세는 이런저런 생각으로 밤잠을 이루지 못했을 것이다. 애굽에서 고생하는 히브리인들의 음성이 들리는 듯하여 견딜 수가 없었을 것이다. 그러면서 그는 바벨탑의 악의 진상을 하나하나 곱씹어 보았을 것이다. 그리고 몸서리쳤을 것이다. 그는 어떻게 그 바벨탑을 무너뜨리고 새 내일을 창출할 수 있을 것인지를 탐구했음에 틀림이 없다. 악이 없는 세상은 어떤 것이요, 어떻게 그것을 이룰 수 있을 것인지 고민했을 것이다. 이렇게 아파하면서 새 내일을 꿈꾸는 모세에게 야훼 하느님이 나타나셨다. 다시 말해서 새 내일을 간절히 찾는 모세의 영과 아파하시는 야훼 하느님의 영이 만난 것이다. 아픔을 상징하는 꺼지지 않는 떨기나무 불꽃 속에서 두 영이 기화를 한 것이다.

야훼 하느님도 처절한 종살이를 하는 히브리인들을 보시면서 아파하셨다고 J 기자는 말한다. 따라서 저들을 바벨탑에서 구출하고 싶으셨을 것이다. 그러나 히브리인들이 악을 제대로 이해하지 못하고 그 제도 안에 안주하려고 하는 한 야훼 하느님도 어떻게 하실 수 없다. 그들이 집단적으로 악을 깨닫고 새 내일을 갈망하는 주체가 되어야 야훼도 도울 수가 있는 것이다.

그런데 아파하는 하느님이 행동을 하시려고 불타오르는 떨기나무에서 모세를 만난 것이다. 이것은 때가 이르렀다는 것을 의미한다. 다시 말해서 애굽의 수많은 떠돌이들이 400여 년 동안 쓰라린 노예 생활을 하면서 바벨탑의 악을 명확히 보고 이에 대한 소망을 완전히 끊어버린 것이다. 그리고 새 내일을 갈망하면서 아우성치고 있는 것이다. 때가 이르러 그들 속에 있는 야훼의 영이 더불어 불타오르게 된 것이다. 말하자면 집단적인 각이 형성된 것이다. 야훼 하느님이 행동을 개시하신 것은 그들의 영이 더불어 아우성을 치는 소리를 들었기 때문이다. 그래서 그는 모세를 애굽으로 보내시려는 것이다. 그들을 바벨탑의 사슬에서 해방시켜 젖과 꿀이 흐르는 가나안 복지로 이끄실 것이라는 약속을 하시면서 말이다.

그러나 모세는 주저했다. 그럴 수밖에 없는 것이 애굽의 바로 왕은 호시탐탐 그를 찾고 있을 것이요 그의 동족도 그를 위험시하고 있었기 때문이다. 모세가 백성들이 그를 믿지 않을 것을 걱정하자 야훼 하느님은 그에게 기적을 행하는 능력을 주시면서 말 잘하는 그의 동생 아론을 대변인으로 사용하라고 하셨다. 그러면서 야훼 하느님이 그와 같이 있을 것을 약속하신다. 용기를 낸 모세는 아론과 더불어 백성들 앞에서 그들을 구출하시겠다는 야훼의 약속을 전한다. 그러자 놀랍게도 무리들은 모세가 전하는 말을 받아들이는 것이었다. 바로 왕의 바벨탑의 악을 직시한 저들을 구출하시겠다는 야훼 하느님의 기쁜 소식을 듣고 집단적인 단을 한 것이다. 이 집단적인 각과 집단적인 단이 새 역사 창출의 기점이 되는 것이다.

이렇게 되자 그들과 바로 왕 사이에 투쟁이 시작된다. 그 투쟁의 모습을 열 가지 재앙 이야기로 J 기자는 설명한다. 모세와 아론이 바로 앞에 가서 요청한 말이 중요하다. "히브리인의 하느님께서 우리를 찾아 오시었습니다. 그러니, 우리가 광야로 사흘 길을 나가 우리 하느님 야훼께 제사를 드리도록 허락해 주십시오. 그러지 않으면 야훼께서 우리에게 질병을 내리시든가 전쟁의 피해를 입게 하실 것입니다."(출 5:3) 사흘 길을 간다는 것은 바벨탑의 영토에서 탈출한다는 것이다. 그리고 거기에서 해방의 신 야훼를 섬기는 새로운 탈출 공동체를 이룩하겠다는 것이다. 바로가 지배하는 땅에서는 새 내일이 불가능하기 때문이다. 악한 제도를 개선한다는 것은 불가능하다.[14] 따라서 모세가 이룩하려는 것은 혁신이 아니다. 바벨탑에서 탈출하여 정의와 평화의 공동체를 창조하는 것이다.

그러자 바로 왕은 분노하여 히브리인들의 노동 조건을 한층 악화시켜 그들을 괴롭힌다. 이렇게 하여 모세와 바로 사이에 끈질긴 투쟁이 시작된다. 그 투쟁은 나일 강을 포함한 애굽의 모든 물들이 피가 되는 재앙에서 시작하여 맏아들이 죽는 열 가지 재앙으로 발전된다. 이 재앙 이야기의 특징은 세 가지다. 첫째로 얼마 동안은 애굽의 마술가들도 같은 기적을 할 수 있었다. 악의 세력은 그들이 가진 능력을 총동원하여 하느님이 하시는 일을 막으려고 한 것이다. 바벨탑을 구축한 땅 위의 권력자들은 결단코 그 권력을 놓으려고 하지 않았다는 것이다. 둘째로 바로 왕은 자기들의 능력으로 하느님의 역사를 이길 수가 없는 상황이 되자 하느님을 속인다. 그러나 속임수로 하느님을 이길 수 없었다. 그래서 다시 항거한다. 셋째로 그의 항거가 아무리 강력할지라도 야훼 하느님의 능력을 당해낼 수가 없었다. 결국은 악이 극에 달하면서 패망으로 이어진다. 이것은 모든 강한 제국들이 망하는 과정이기도 하다.

출애굽 노정 역시 험악했다. 그들이 애굽 땅을 벗어나자 바로는 병마를 동원해서 그들을 추격했다. 그리고 이 과정에서 놀라운 기적이 일어났다. 홍해가 갈라져 히브리인들은 무사히 탈출하고 이집트 군병들은 바다 속에 몰살했다는 것이다. 이 이야기가 대대로 히브리인들 사이에 전승되어 그들이야말로 하느님의 선민이라는 확신을 가지게 했다.

14 왈터 부르그만도 혁신이란 불가능한 것이라고 본다.

우리는 이 홍해가 갈라졌다는 사건의 진상을 알 수는 없다. 뭔가 놀라운 사건이 일어났음에는 틀림이 없다. 출애굽 15장에 있는 E 문서를 보면 모세의 누이 미리암이 그의 뒤를 따르는 다른 여인들과 같이 춤을 추면서 부른 오랜 전통을 가진 노래가 무엇인가 놀라운 사건이 있었음을 암시한다.

"야훼를 찬양하여라.
그지없이 높으신 분,
기마와 기병을 바다에 처넣으셨다."(출 15:21)

이 노래에 상응하는 기사가 출애굽 14장 21절에서 29절에 있다. 이 기사는 J 문서와 P 문서의 이야기를 뒤섞은 것이다. 이 이야기에서 바빌론 포로 시대의 기록인 P 문서를 가려내어 정리하면 다음과 같다.

21:모세가 팔을 바다로 뻗치자 바닷물을 말리셨다. 22:이스라엘 백성들은 바다의 마른 땅을 밟고 걸어갔다. 물은 그들 좌우에서 벽이 되어주었다. 23:이집트인들이 뒤쫓아 왔다. 바로의 말과 병거와 기병 모두가 그들을 따라 바다로 들어섰다. 26:야훼께서 모세에게 이르셨다. "이집트인들과 그들의 병거와 기병들 위에 물이 도로 덮이게 네 팔을 바다 위로 뻗치라." 27:모세는 팔을 바다 위로 뻗쳤다. 28:물결이 도로 밀려오며 병거와 기병을 모두 삼켜버렸다. 이리하여 이스라엘 백성을 따라 바다에 들어섰던 바로의 군대는 하나도 살아남지 못하였다. 29:

그러나 이스라엘 백성은 바다 가운데로 마른 땅을 밟고 건너갔다. 물은 그들 좌우에 벽이 되었다.

이 이야기는 후에 기록된 것으로 이야기가 크게 과장되었다.

반면에 오래된 J 문서를 정리하면 다음과 같다.

24:야훼께서는 밤새도록 거센 바람을 일으키시어 바닷물을 뒤로 밀어 붙였다. 새벽녘에 불과 구름 기둥에서 이집트 군대를 내려 보시자 이집트 군대는 갈팡질팡 하였다. 25:또한 야훼께서 그들의 병거바퀴들을 얽어 놓아 꼼짝 못하게 하셨다. 그러자 이집트인들은 "이스라엘 사람들을 버려두고 도망가자. 야훼께서 이스라엘 사람들 편이 되어 우리 이집트 군대를 치신다." 하고 소리를 질렀다. 26:날이 새자 바닷물이 제 자리로 돌아왔다. 이집트인들은 물결을 무릅쓰고 도망치려 했으나 야훼께서 이집트인들을 바다 속에 처넣으셨다.

미리암의 노래는 J 기자가 쓴 오랜 기사와 통하는 것이 있음이 명확하다. 그들이 자그마한 호수에 다다랐는데 밤새껏 강풍이 불어와서 물을 한 쪽으로 밀어붙였다는 것이다. 그래서 히브리인들은 거기를 지나갈 수가 있었으나 병거를 타고 뒤를 따른 이집트 군의 경우는 병거의 바퀴가 모래밭에 빠져서 움직일 수가 없게 되었다는 것이다. 그러다가 밀려갔던 물이 돌아와서 그들을 수장시켰다는 것이다. 그리고 보면 그들이 지나간 것은 홍해Red Sea가 아니라 갈대 바다Reed Sea인 것으로 보인다. 이집트 말을 히브리어로 번역할 때 Reed sea를 Red sea라고 번역한 것이다. 그러고 보면 출애굽 당시 놀라운 자연현상이 히브리인들을 도운 것이 된다. 그들은 야훼가 하신 놀라운 기적이라고 확신하게 된다. 그러면서 야훼 하느님을 그들을 구출한 전능하신 신으로 모시게 된 것이다.

그러나 중요한 것은 육의 욕망으로 말미암아 빚어진 악의 제도 밑에서 고생하던 떠돌이들이 고난을 통해서 악의 정체를 집단적으로 각하고 집단적으로 단을 할 수 있었다는 것이다. 그리고 그들 속에 있는 하느님의 영이 평화와 정의의 새 내일을 향해서 몸부림을 쳤기 때문이다. 그래서 히브리인들의 영과 야훼의 영이 하나가 되어 새 내일을 이룩할 수가 있게 된 것이다. 물론 떠돌이 전통에 뿌리를 두고 떠돌이들의 아픔을 자기의 아픔으로 삼으면서 새 내일을 추구한 선각자 모세의 역할이 중요하다. 떠돌이의 뿌리에서 났으나 여유 있게 새 내일을 추구할 수 있는 그의 역할 없이 새 내일이 올 수 없다. 그러나 더 중요한 것은 떠돌이들의 집단적인 각과 단이다. 이것 없이 새 내일 창출이 이루어질 수 없다. 이것을 위해서는 어두운 고난의 터널을 지나야 했다. 그런 쓰라린 경험을 통해서 마침내 집단적인 각을 하고 떠돌이들이 에스겔 골짜기의 군대처럼 우뚝 섰을 때 바라던 새 내일이 온다는 사실을 믿는 것이 중요하다.

(4) 광야에서 맺은 계약

애굽에서 탈출한 히브리인들은 금방 젖과 꿀이 흐르는 가나안 땅에 들어갈 수가 없었다. 넓은 광야에서 오랫동안 헤맸다. 젖과 꿀이 흐르는 가나안 땅에서 정의와 평화의 공동체를 이룩하기 위해서 거쳐야 하는 과정이었다. 무엇보다도 먼저 그렇게도 오랜 동안 그들을 괴롭힌 바벨탑의 악에 대한 명확한 깨달음이 있어야 한다. 그리고 다시는 그와 같은 악을 반복하지 않기로 더불어 서약을 해야 한다. 이 일을 잊지 않고 서로 깨우치고 격려를 해야 한다. 그렇지 않고는 새 내일을 창출할 수가 없기 때문이다. 그것이 바로 십계명이다. 모름지기 40년이라는 기나긴 시련의 기간 동안 모세는 야훼의 영의 깨우침으로 이것을 명확히 볼 수 있게 된 것이다. 그래서 그는 떨기나무 앞에서 야훼를 만난 시내산호렙산 앞에 애굽을 탈출한 히브리인들을 모아놓고 과거와는 완전히 단절을 하고 새 내일을 창출하자는 계약을 하게 되었다.

여기에서 한 가지 밝혀야 할 것이 있다. 이 무리들을 우리는 흔히 아브라함의 후손인 단일 종족이라고 생각을 했었다. 그러나 이 무리들은 여러 곳에서 모여든 여러 종족으로 구성된 떠돌이들의 무리다. 이렇게 여러 종족으로 구성된 연합체이기는 하나 한 가지 공통된 것이 있다. 탐욕과 힘의 철학으로 조성된 악한 바벨탑 아래에서 같이 고난을 겪은 무리라는 것이다. 더불어 악을 명확히 보고 새 내일을 추구하는 무리라는 것이다. 서로 축복을 하면서 살아야 새 내일이 온다는 것을 몸으로 경험한 무리들이다. 그런 과정을 통해서 떠돌이 아브라함의 후손으로 새롭게 탄생하는 무리들이다. 그들이 이제 야훼의 산 앞에서 새 내일을 향한 계약을 하고 서로를 축복하면서 평화롭게 사는 생명 공동체가 된 것이다.[15]

그들이 애굽에서 겪고 거부한 악의 내용은 시내산 앞에서 맺은 십계명에서 명확히 볼 수 있다. 열 가지로 정리된 십계명은 주전 586년경 유대 나라가 바빌론 왕국에 패망하게 되었을 당시 최종적으로 정리되었다는 것이 대다수의 구약학자들의 견해다. 그러나 출애굽 당시 그 기본 원칙은 이미 정립이 되었다고 보아야 한다. 출애굽 공동체가 다른 나라들처럼 왕을 모시지 않고 야훼만을 왕으로 모시고 살아온 전통, 생명을 소중히 여기고 과부, 고아, 떠돌이들이 안심하고 살 수 있는 정의롭고 평화로운 새 내일을 모색했다는 것은 의심할 여지가 없다. 그것들이 열 가지로 정리된 십계명에 내포되었다고 보아야 한다. 실제로 열 가지 계명을 음미해보면 애굽에서 그들이 겪었던 쓰라린 삶의 모습이 너무나도 명확히 나타난다.

이 계약의 서문이 그것을 명확히 보여준다.

"너희 하느님은 나 야훼다. 바로 내가 너희를 에집트 땅 종살이하던 집에서 이끌어 낸 하느님이다."(출 20:2)

따라서 그들은 앞으로 그들을 종살이에서 구출한 야훼 하느님의 뜻

---

15 Norman Gottwald: op.cit. p.209. 이 십계명은 출애굽 공동체의 초기 작품이라고 한다.

에 따라서 살아야 한다는 것이다.

그 계약의 첫 번째:

"너희는 내 앞에서 다른 신을 모시지 못한다."

그들은 아직 유일신 사상에 도달하지 못했다. 야훼 외에도 다른 신이 있다고 믿었다. 스스로를 현현한 신이라고 주장을 한 바로 왕이 그 중 하나였다. 탐욕에 사로잡힌 바로 왕의 말은 그대로 나라의 법으로 종살이를 한 떠돌이들에게는 지기 어려운 무거운 짐이었다. 그 밖에도 당시 왕들이라 하는 자들은 다 수호하는 신들이 있어서 그 신의 이름으로 백성들을 수탈했다. 특히 가나안 땅에는 전투의 신, 농경의 신 바알이 극성을 부렸다. 따라서 앞으로 저들은 야훼 외에 어떤 신도 섬길수가 없고 동시에 왕 제도 자체도 가져서는 안 된다. 어떤 모양의 바벨탑도 쌓아서는 안 된다는 말이다. 이것은 왕들과 그들을 뒷받침해주는 악한 신들로부터 해방을 시켜준다는 것이다. 그러기에 저들은 목청을 높여서 '아멘' 했을 것이다.

두 번째:

"너희는 위로 하늘에 있는 것이나 아래로 땅 위에 있는 것이나, 땅 아래 물 속에 있는 어떤 것이든지 그 모양을 본따 새긴 우상을 섬기지 못한다."

애굽에는 우상이 많았다. 이 우상들이야말로 바벨탑에 부속되는 통치자들의 도구요 백성들의 자유를 얽어매는 올무다. 그리고 백성들은 그 우상을 섬겨야 잘살 수 있다고 생각하여 이를 섬겼고 그것이 무거운 짐이 되었다. 생명을 사랑하는 야훼 하느님은 이런 그릇된 숭배로부터 저들을 해방시키시겠다는 것이었다. 이것 역시 자유를 얽맨 거추장스러운 짐이었기에 이들은 이에 대해서도 가벼운 마음으로 단절을 약속하였다.

세 번째:

"너희는 너희 하느님의 이름 야훼를 함부로 부르지 못한다."

하느님의 거룩한 이름을 자기들의 탐욕을 위해서 함부로 써서는 안 된다는 것이다. 다시 말해서 야훼의 이름을 자신들의 탐욕을 위하여 세우는 바벨탑의 수호신의 이름으로 만들어서는 안 된다는 말이다. 야훼의 이름이란 눌린 자들의 해방과 그들을 평화롭게 하는 일, 그리고 선하신 하느님을 찬양하는 일 외에는 절대로 사용되어서는 안 된다는 것이다. 이런 야훼의 음성을 듣는 떠돌이들은 다시 안도감을 가졌을 것이다. 앞으로 통치자들이 야훼 하느님을 그들의 수호신으로 만들어서 그들의 바벨탑을 쌓는 데 사용하지나 않을까 걱정이 되었을 것이기 때문이다.

네 번째:

"엿새 동안 힘써 네 모든 생업에 종사하고 이렛날은 너희 하느님 야훼 앞에서 쉬어라. 그 날 너희는 어떤 생업에도 종사하지 못한다. 너희와 너희 아들 딸, 남종 여종뿐 아니라 가축이나 집 안에 머무는 식객이라도 일을 하지 못한다."

떠돌이들의 귀에 그 명령은 달콤한 꿀과도 같았을 것이다. 1년 365일, 하루도 쉬지 못하고 일만 하지 않았던가. 그런데 이레에 하루 씩 쉬라는 것이다. 일만 하지 말고 생을 즐기라는 것이다. 아들, 딸뿐만이 아니라 가축들도, 떠돌이들도 쉬라는 것이다. 삶을 즐기면서 야훼께 감사드리라는 것이다. 이 얼마나 인정 어린 지시인가. 떠돌이들은 틀림없이 두 손 들어 만세를 불렀을 것이다.[16]

다섯 번째:

"너희는 부모를 공경하여라. 그래야 너희는 너희 하느님 야훼께서 주신 땅에서 오래 살 것이다."

16 유목민족은 이를 지킬 수가 없다. 따라서 이것은 그들이 농경문화에 정착을 하면서 명문시 되었을 것이다.

'부모를 공경하여라'라는 단어의 원어는 하느님을 공경하라는 말과 같은 단어다.[17] 이것은 동양에서 흔히 낳아서 기른 부모를 공경하라는 것 이상의 뜻을 품고 있다. 부모님을 하느님 섬기듯 하라는 것이다. 그렇게 되어야 하느님이 주신 땅에서 오래 살 것이라는 것이다. 이 계명을 바르게 이해하기 위해서는 신명기 6장 4절 이후를 읽어보아야 한다.

"너, 이스라엘아 들어라. 우리의 하느님은 야훼시다. 야훼 한 분뿐이시다. 마음을 다 기울이고 정성을 다 바치고 힘을 다 쏟아 너의 하느님 야훼를 사랑하여라. 오늘 내가 너희에게 명령하는 이 말을 마음에 새겨라. 이것을 너희 자손들에게 거듭거듭 들려 주어라. 집에서 쉴 때나 길을 갈 때나 자리에 들었을 때나 일어났을 때나 항상 말해 주어라." (신 6:4-7)

이것은 부모가 되는 자들의 첫 번째 되는 의무다. 능하신 손으로 혹독한 바로의 손에서 그들을 구해주신 야훼 하느님의 업적을 자녀들에게 전해주는 것이 부모들의 첫째 되는 사명이기 때문이다. 이를 통해서 자녀들은 야훼의 자녀가 되어 그를 공경하게 될 것이다. 부모님이야말로 하느님 야훼의 대언자인 것이다. 그래야 하느님이 주시는 땅에서 오래 살 것이라는 것이다. 그러기에 부모를 야훼를 경외하듯 하라는 것이다.

17　Brevard S. Childs: 『The Book of Exodus』, A Critical, Teleological Commentary, Westminster Press, Philadelphia, 1974, p.418

여섯 번째:

"살인하지 못한다."

애굽에서 종살이를 할 때 그들의 목숨은 파리 목숨과도 같았다. 새로 태어난 어린이들을 나일 강에 던지라는 바로의 명령에서 우리는 이것을 너무나 명확히 볼 수 있다. 따라서 당시 애굽에는 과부와 고아가 그렇게 많았다. 그런 일이 다시는 일어나서는 아니 된다는 것이다. 무엇보다도 생명이 가장 소중하기 때문이다.

일곱 번째:

"간음하지 못한다."

강자들은 연약한 여성을 성욕의 대상으로 삼기를 다반사로 한다. 애굽에는 이런 성의 횡포가 더 심했던 것 같다. 아브라함이 애굽에 들어가면서 자기 아내를 누이동생이라고 한 데서 우리는 애굽의 성 문화를 엿볼 수 있다. 하물며 종의 아내들이야 더 말할 것이 있으랴. 따라서 떠돌이의 아내들은 안심을 하고 살 수가 없었을 것이다. 그리고 그들에게 있어서 위안을 얻을 수 있는 곳은 가정뿐이었을 텐데 그 가정이 언제나 강자들에게 위협을 받고 있었다. 억울하기 짝이 없는 일이다. 따라서 새롭게 이룩하는 새 공동체에서는 절대로 이런 일이 반복되어서는 아니 된다.

여덟 번째:

　　"도둑질하지 못한다."

히브리 노예들은 1년 365일, 뼈 빠지게 일만 했다. 그러나 그 노동의 열매는 애굽인들이 다 강탈을 해갔다. 사람이란 자기 손으로 일한 대가를 먹으며 삶을 즐기는 것이 원칙이다. 그래서 애굽으로 모여들었던 것이 아닌가? 그런데 애굽인들은 노동의 열매를 모조리 강탈당했다. 따라서 노예들의 간절한 소원은 자기가 지은 집에서 살고 자기가 심은 포도는 자기가 따 먹는 것이었다.[18] 야훼 하느님은 이 소원이 이루어지게 하시겠다는 것이다.

아홉 번째:

　　"이웃에게 불리한 거짓 증언을 못한다."

이웃을 해하려고 거짓 증언을 하는 자는 언제나 강자들이다. 아합 왕의 아내 이세벨이 거짓 증언자들을 세워 나붓을 죽이고 그의 포도원

18　이사야 65:21

을 빼앗은 것이 그 좋은 예다.(열상 21:1-16) 예수를 십자가에 못 박으려고 거짓 증인들을 세운 것도 대사제들이다. 노예 생활을 한 떠돌이들도 애굽에서 거짓 증인으로 말미암아 숱한 고생을 겪었을 것이다. 그들 사이에 결코 같은 악이 재연되어서는 아니 된다.

열 번째:

"네 이웃의 집을 탐내지 못한다. 네 이웃의 아내나 남종이나 여종이나 소나 나귀 할 것 없이 네 이웃의 소유는 무엇이든지 탐내지 못한다."

탐욕이야말로 만악의 근원이다. 그래서 결론적으로 탐심에 대한 엄금을 내리신 것이다. 문제는 마음의 변화가 없이는 참된 공동체를 이룩할 수가 없기 때문이다. 따라서 탐심을 버리고 생명을 아끼고 사랑하는 마음을 소유해야 한다는 것이다.

구체적으로 약자들을 위한 인정 어린 법을 출애굽 22장 20절에서부터 26절 사이에서 본다.

"너희는 너희에게 몸붙여 사는 사람을 구박하거나 학대하지 말아라. 너희도 에집트 땅에서 몸붙여 살지 않았느냐? 과부와 고아를 괴롭히지 말아라.…… 너희 가운데 누가 어렵게 사는 나의 백성에게 돈을 꾸어 주게 되거든 그에게 채권자 행세를 하거나 이자를 받지 말라. 만일 너희가 이웃에게서 겉옷을 담보로 잡거든 해가 지기 전에 반드시 돌려 주어야 한다. 덮을 것이라고는 그것밖에 없고, 몸을 가릴 것이라고는 그 겉옷뿐인데 무엇을 덮고 자겠느냐?"

이 얼마나 정이 넘치는 법인가? 야훼 하느님은 특별히 그런 자들을 돌보시는 분이라는 것이다. 따라서 그들이 호소하면 야훼는 그 호소를 들어주시지 않을 수가 없다. 그리고 이집트인들을 벌하신 것처럼 이들도 벌하시겠다는 것이다. 그러기에 이스라엘 사람들에게는 아무런 특권이 없다. 그는 의지할 것이 없는 약자들은 누구나 다 돌보시고 이스라엘 사람들이라도 약자들을 억압하는 경우 꼭 같이 벌하시는 분인 것이다.

이 계약의 핵은 생명이다. 탐욕에 사로잡힌 강자들처럼 바벨탑을 쌓지 않고 가장 약한 과부, 고아, 떠돌이들이 안심하고 사는 정의와 평화가 강처럼 흐르는 그래서 생명이 싱싱하게 피어나는 다민족 공동체를 이룩하는 것이다. 그들이 생명을 얼마나 소중히 여기느냐 하는 것을 우리는 '도피성' 제도에서 본다. 사람이 실수하여 다른 사람의 생명을 해쳤을 경우 도피성으로 피신을 하면 아무도 그를 해하지 못하는 사려 깊은 제도야말로 생명의 소중함을 얼마나 중시했는가를 볼 수 있다.(신 19:1-13)

사실 이것은 야훼 하느님이 아브라함에게 약속하신 세 가지 약속, 곧 땅과 창성한 후손, 그리고 민족이 서로 축복을 하는 정의와 평화의 공동체에 대한 약속이 이룩된 것이다. 가나안 땅에 수많은 해방된 종족들이 평화공동체를 이룩했기 때문이다. 스웨덴의 심층심리학자 칼 융은 어떤 종족이건 그 종족이 형성되는 시초의 정신이 그 종족의 알 케타입이 되어 그 종족에게 유전되어 내려오면서 그 종족의 삶에 영향 을 준다고 했다. 그러고 보면 이 출애굽 공동체야말로 히브리인들의 알 케타입으로 그들의 역사에 결정적인 영향을 준다고 보아야 한다. 알케 타입이란 어느 공동체이건 소유하는 집단적인 무의식으로 그 집단이 문제에 부닥칠 때 그 집단의 삶에 새로운 전기를 주는 것이다.[19] 월터 부르그만은 이 출애굽 공동체 탄생을 생명 공동체의 원형이라고 했다. 그러면서 이스라엘 백성은 곤경에 처할 때 출애굽 경험으로 돌아간다 고 말했다.[20]

(5) 가나안 정착

시내 산에서 계약을 맺은 저들은 40년이라는 기나긴 세월 동안 광 야를 헤매면서 수없이 많은 고난을 겪었다. 때로는 애굽의 고기 가마 를 생각하면서 가던 길에서 돌아서려는 유혹도 받아 하느님의 징벌을 받기도 했다. 계약은 했으나 마음의 변화가 이루어지지 않았기 때문이

19 Carl Jung's "Analytic Theory" in Calvin S. Hall & Gardener Linzey, 『Theories of Personality』, John Wiley & son, Inc., London & Sydney, 1957, p.82

20 Walter Brueggemann, 『An Introduction to the Old Testament』, Westminster John Knox Press, Louisville, London, 2003, p.66

다. 마음의 변화가 없이는 새 공동체를 이룩할 수가 없기 때문이다. 그러나 성실한 모세의 지도에 따라 이들은 날로 약속의 땅으로 가까이 갔다. 달려드는 적을 뿌리치면서 말이다. 그러나 결국 출애굽 1세대는 다죽고 새로 태어난 후손들만이 가나안 땅으로 들어갔다. 심지어 모세도 약속의 땅에 들어가지 못했다.

그들을 이끌고 요단 강을 건너 가나안 땅에 정착하게 한 것은 여호수아였다. 그가 어떻게 이들을 가나안 땅에 정착을 시켰는지에 대해서는 여러 가지 학설이 있다.전통적으로는 여호수아가 이끄는 무리들이 여리고, 아이 성 등 가나안 땅의 많은 성들을 점령하고 출애굽 공동체를 정착시켰다고 생각을 했다.

그러나 고고학자들이 연구한 것에 의하면 여리고나 아이 성은 그들이 요단 강을 건너기 오래 전에 벌써 폐허가 되었다는 것이다. 이에 반해 이주설을 주장하는 학자들도 있다. 당시 많은 떠돌이들이 이주해 들어와서 더불어 거주하는 무리들이 많았다는 것이다. 따라서 출애굽 공동체도 그곳에 이주해 들어와서 그곳에 이미 정착해 사는 부족들과 같이 살았을 것이라고 본다. 그러면서 출애굽 공동체가 신봉한 야훼 하느님을 섬기면서 시내 산에서 맺은 계약을 삶의 원칙으로 삼으면서 살았다는 것이다.

물론 성서에는 성전聖戰 사상이 있다. 출애굽기 17장 14절, 신명기 7:1-2, 사무엘상 15:1-3절에 하느님이 이스라엘의 적들을 전멸하라고 지시했다고 기록되어 있다. 그리고 사무엘상 15장에 보면 사울이 아말렉을 정복하고 나서 아각 왕과 그들의 목축들을 죽이지 않았다고 해서 하느님이 사울을 버렸다고 한다. 그러나 이것들은 다 후세에 신명기 개혁을 할 당시에 추가된 것이라고 학자들은 말한다.[21]

> "야훼여, 일어나십시오.
> 당신의 원수들을 쫓으십시오.
> 당신의 적수들을 면전에서 쫓으십시오."(민 10:35)

라고 외친 것을 보아도 야훼를 전쟁의 신으로 모셨다고 생각을 했었다. 그러나 출애굽 초기의 공동체는 평화 공동체로 적이 쳐 들어올 때 판관의 이끎에 따라서 방어전을 전개했을 뿐이다. 첫 번째 왕 사울도 전적으로 방어전을 한 지휘관이었다고 보아야 한다. 그러고 보면 여호수아는 마지막에 모든 이스라엘을 세겜으로 모이게 하고 모두를 격려하여 더불어 야훼만을 섬기기로 하는 서약의 공동체를 이룩한 것이다. 따라서 가나안 복지에 들어온 이들은 그곳에 이미 살고 있던 종족들에게 선하신 야훼를 섬기도록 권장을 하여 새로운 평화 공농체를 이룩한 것으로 보아야 한다.

---

21 Brevard S. Childs: 『The Book of Exodus』, Westminster Press, Philadelphia, p.311
Gerhard Von Rad: 『Deuteronomy』, Westminster Press, Philadelphia, p.68

(6) 새 공동체의 특징

이렇게 이들은 약속의 땅에서 평화로운 공동체를 이루었다.

이 공동체는 바벨탑의 탐욕과 힘의 문화에서 뛰쳐나온 탈출공동체였다. 이 공동체는 혁명 공동체도 혁신 공동체도 아니었다. 이집트 제국은 너무나 막강해서 떠돌이들로는 도저히 뒤엎거나 혁신을 할 수가 없었다. 혁명이나 혁신을 하려면 이집트 제국보다 더 큰 힘을 소유해야 한다. 힘과 힘의 대결에서 승리를 해야 한다. 이렇게 힘으로 역사를 뒤엎는다는 것은 언제나 악순환만을 초래한다. 칼을 쓰는 자는 칼로 망하기 마련이기 때문이다. 이 공동체는 혁신 공동체도 아니다. 아무 힘도 가진 것이 없는 노예들이 스스로 현현한 신이라고 주장하는 바로의 전통을 어떻게 혁신할 수가 있겠는가? 그래서 야훼 하느님은 떠돌이들로 하여금 탈출을 하게 도왔다. 탈출을 해서 그 악한 제국의 악을 완전히 배제하고 과부, 고아, 떠돌이들이 안심하고 사는 평화공동체를 이룩하라는 것이다.

이 공동체의 특징은 왕을 가진 제국들의 가치관과 악한 행태를 완전히 배제한 공동체다. 그들이 절대시하는 십계명이 바로 그것이다. 출애굽 전통을 소중히 여기는 판관들의 지도에 따라서 야훼와 맺은 새 계약을 지키는 공동체이다.

이 공동체가 야훼만 섬기고 왕을 가지지 않은 것에 대한 아름다운 이야기가 사사기 9장에 있다. 기드온의 첩의 아들 아비멜렉이 흉계를 피워 기드온의 다른 아들들을 죽이고 스스로 왕이 된다. 그러나 기드온의 아들 중 요담이라고 하는 아들이 살아남았는데 그가 세겜의 어른들을 불러 모아놓고 다음과 같은 이야기를 했다. 하루는 나무들이 모여서 올리브나무에게 왕이 되어달라고 청했다. 그러자 올리브나무는 "내 기름은 모든 사람들을 영화롭게 하는 것. 나 어찌 기름을 내지 않고 자리를 떠나 다른 나무들을 내려다보면서 으스대겠는가?" 하면서 거부했다. 그러자 나무들은 무화과나무, 포도나무에게 가서 같은 청탁을 했다. 무화과나무와 포도나무는 자기들의 할 일을 말하면서 이를 거절했다. 마지막으로 나무들은 가시나무에게 가서 청을 했다. 가시나무는 일을 받아들여 모두를 괴롭혔다는 것이다. 여기에서 우리는 출애굽 공동체의 야훼만을 섬기는 자세를 본다.

이 공동체는 다문화 공동체다. 본래 더불어 출애굽을 한 떠돌이들은 여러 종족을 포함한 무리들이었다. 그러나 더불어 같이 쓰라린 노예 생활을 했고, 악의 본질을 각하고 모세가 전한 복된 소식에도 응하여 탈출한 뜻과 마음이 하나가 된 공동체다.

그러고 보면 야훼 하느님이 떠돌이 아브라함에게 약속하신 세 가지 약속이 이룩된 공동체다. 가나안 땅이 그들에게 주어졌고 다민족이 아브라함의 뜻을 같이하여 서로 축복을 하면서 살게 되었기 때문이다. 이것이 바로 떠돌이들이 바라는 것이었고 이제 그 바람이 이루어진 것이다.

(7) 탈출공동체가 이룩된 과정

이 공동체의 출발점은 육의 탐욕으로 말미암아 조성된 바벨탑이라는 악한 제도에서 밀려난 떠돌이들이 오랫동안 겪은 쓰라린 고난이었다. 이 고난을 통하여 그들 속에 내재한 하느님의 생명의 영이 눈을 떠 악을 더 명확하게 보게 된 것이다. 그러다가 마침내 그 악을 거부하면서 일어서게 된 것이다. "우리도 사람이다. 사람답게 살게 해 달라."는 한 맺힌 원성을 터뜨린 것이다.

이와 같은 악에 대한 각은 떠돌이 출신이면서 비교적 여유 있게 살 수 있는 자들에게서 일어난다. 모세가 그런 자이다. 그렇게 깨달은 자의 삶은 얼마동안은 외롭다. 수많은 떠돌이들은 존명에 허덕이어 하늘의 별을 볼 겨를이 없기 때문이다. 따라서 그는 혼자의 각과 단으로서는 새 내일을 초래할 수 없다는 것을 알게 된다.

이 선각자는 날로 더 아픈 심정으로 악을 직시하면서 평화와 정의가 차 넘치어 모두가 잔칫집과도 같은 기쁨에 찬 삶을 사는 새 날을 추구하게 된다.

그러는 과정에 하루하루를 살아가려고 허덕이던 대다수의 떠돌이들 속에 있는 영들도 깨어나 악을 악으로 보게 되고 새 내일을 갈망하게 된다. 말하자면 집단적인 각을 이루어 새 내일을 갈망하는 무리들이 탄생하게 된다. 악에 대한 집단적인 각이 그렇게 중요하다. 그들을 해방시키려는 야훼 하느님도 그들이 집단적인 각을 하기까지는 어떻게 할 수 없기 때문이다.

이렇게 때가 익으면 아파하던 선각자들 사이에서 창조주의 영과 해후하는 놀라운 사건이 발생한다. 몸부림치는 선각자의 영과 하느님의 아파하시는 영이 해후하는 것이다. 이와 같은 만남을 통해서 이 선각자에게는 새 내일을 향한 꿈이 주어지고 창조주 야훼가 그와 같이 계신다는 확실한 믿음이 생겨난다. 그리고는 아우성을 치는 떠돌이들에게 새 꿈을 전달한다. 이 소식을 들은 떠돌이들에게 새로운 소망의 불길이 타오르며, 그 선각자의 뒤를 따라 새 내일을 향해서 탈출하기로 결단을 한다.

이렇게 집단적인 단을 한 저들은 바벨탑으로 상징되는 악의 세력과 투쟁을 한다. 물론 악의 세력은 그들을 놓아주려고 하지 않는다. 오히려 강하게 반격을 하여 그들을 주저앉게 하려고 한다. 그러나 그 투쟁이 지속되는 과정에서 악의 세력의 극악함이 날로 더 드러나는 동시에 이를 반격하는 하느님의 역사도 더 강력하게 되어 그 지배 세력의 본질이 온 천하에 표출이 되면서 그 제도는 파도 속에 삼킴을 당하고 만다.

이렇게 악의 세력에서 탈출한 떠돌이 공동체는 그들이 겪었던 악이 완전히 제거된 새 공동체를 이룩한다. 그러기 위해서는 그들의 생명을 짓밟은 악을 명확히 깨달을 수 있도록 이를 명기하고 그들 사이에서 그런 악이 반복되지 않게 할 것이라는 서약을 한다. 그것이 십계명의 모습으로 탄생했다.

이렇게 악을 명확히 보고 이를 거부한 공동체는 생명을 소중히 여기는 평화와 정의의 공동체이다. 필요한 땅을 골고루 나누고 이를 침범하지 않도록 하는 동시에 과부, 고아, 떠돌이까지 안심하고 사는 새 제도를 창출한다. 이들은 종족 간의 어떠한 차별도 하지 않는다. 생명이 소중한 것을 아는 저들은 민족을 초월하여 서로 축복을 하는 공동체를 이룩한다.

이 공동체에서는 야훼만 섬기고 왕을 가지지 않는다. 권력으로 자기의 탐심만을 채우려는 바벨탑은 쌓지 않는다는 것이다. 왕을 가지지 않고 출애굽 정신을 본받은 어른을 판관으로 삼아서 정의가 강처럼 흐르는 사회를 이룩한다.

다윗의 바벨탑과
갈라진 두 왕

 # 다윗 왕조에 이르기까지

탐욕과 힘의 철학으로 뒤범벅이 된 바로 왕의 바벨탑을 벗어나 서로 나누고 용서하고 섬기는 새로운 공동체를 이룩하는 일이란 쉬운 일이 아니었다. 이 탈출 공동체가 정착한 곳은 아무도 없는 광야가 아니었기 때문이다. 그 주변에는 왕들을 모신 여러 종족들이 있어서 이 새로 태어난 공동체를 적대시했다. 그리고 비를 오게 한다는 농경민의 신 바알 문화가 새로 농경민이 되려는 저들을 유혹했다. 이와 같은 정황에서 그들은 왕을 가지고 싶은 유혹에 빠진다. 바알 신을 섬기는 바벨탑의 유혹 역시 거부하기 힘이 들었다.

그러나 이들은 왕을 가져서는 아니 된다. 바알 신을 섬겨서도 아니 된다. 그들은 출애굽전통에 따르는 계약의 정신을 이어받은 장로들의 지도 아래에서 새 내일을 창출해야 한다. 주변 종족들의 침범이 있으면 야훼가 친히 판관을 세워서 이를 물리치실 것이다. 이렇게 그들은 새로 정착한 가나안 복지에서 새 역사를 창출하려고 했다. 전후 300년 가량이 되는 그동안의 이야기는 사사기에 기록되어 있다.

사사기의 마지막 판관은 사무엘이다. 그러나 그는 어쩔 수 없이 전통에서 금해왔던 왕 제도를 허용하지 않을 수가 없었다. 철기를 가지고 공격해 오는 블레셋 군을 막을 수가 없었기 때문이다. 그렇게 되자 백성들은 사무엘에게 와서 왕을 달라고 간청을 했다. 왕 밑에서 훈련을 받은 상비병들이 철기를 가지고 공격해 들어오는데 농민군으로는 막을 길이 없기 때문이었다.

그러나 사무엘은 이를 거부하려고 했다. 따라서 사무엘은 야훼의 지시에 따라서 왕이 어떻게 백성들을 못살게 굴 것인지를 타일러준다.

"왕이 너희를 어떻게 다스릴 것인지 알려 주겠다. 그는 너희 아들들을 데려다가 병거대나 기마대의 일을 시키고 병거 앞에서 달리게 할 것이다. 천인대장이나 오십인대장을 시키기도 하고, 그의 밭을 갈거나 추수를 하게 할 것이며 보병의 무기와 기병의 장비를 만들게도 할 것이다. 또 너희 딸들을 데려다가 향료를 만들게도 하고 요리나 과자를 굽는 일도 시킬 것이다. 너희의 밭과 포도원과 올리브밭에서 좋은 것을 빼앗아 자기 신하들에게 줄 것이며, 곡식과 포도에서도 십분의 일세를 거두어 자기의 내시와 신하들에게 줄 것이다. 너희의 남종 여종을 데려다가 일을 시키고 좋은 소와 나귀를 끌어다가 부려 먹고 양떼에서도 십분의 일세를 거두어 갈 것이며 너희들마저 종으로 삼으리라. 그 때에 가서야 너희는 너희들이 스스로 뽑아 세운 왕에게 등을 돌리고 울부짖겠지만, 그 날에 야훼께서는 들은 체도 하지 않으실 것이다."
(삼상 8:11-18)

그러나 백성들은 계속 왕을 달라고 졸랐다. 철기를 가지고 침략해 오는 적들을 막을 도리가 없었기 때문이다. 그래서 야훼의 승낙을 받아서 사울을 왕으로 임명했다. 그 후 사울은 아들 요나단과 더불어 많은 공을 세웠다. 그들을 괴롭히던 모압, 암몬, 에돔, 소바, 아말렉 등을 쳐부수었다. 그리고 블레셋을 향해서도 많은 전과를 올렸다.

그런데 사무엘서 13장과 15장에 보면 사울이 야훼에게서 버림을 받은 이야기가 실려 있다.

첫째 13장에는 사울이 길갈에 그의 군인들을 집결시키고 블레셋과 싸우려고 대기하고 있었다. 그러나 전투에 임하기 전에 사무엘이 와서 제사를 드리고 전투에 관한 야훼의 지시를 받아야 한다. 그런데 7일이나 기다렸는데 사무엘이 나타나지 않았다. 따라서 군인들은 두려워서 탈출을 해 도망가기도 했다. 기다리다 못해서 사울이 야훼께 제사를 드렸다. 그러자 사무엘이 나타나서 그가 제사를 드렸다고 하느님에게 버림을 받았다고 선언했다. 찾아오지 않은 자기의 책임은 문제 삼지 않았다.

둘째 15장에는 사울이 이스라엘 백성을 괴롭힌 아말렉을 쳐부수고 아말렉 왕을 죽이지 않고 그들의 가축 가운데 좋은 것을 골라서 야훼에게 제사를 드리려고 보존한 것을 보고 사무엘은 다시 선언했다. 야훼에게서 버림을 받았다고 말이다. 그러나 대부분의 학자들은 이것을 신명기 역사가들이 부가한 것으로 본다.[22] 그들은 다윗의 왕권을 드높이기 위해서 사울을 격하시키려 했다는 것이다. 다윗이 왕권을 획득하기까지 그의 삶을 미화하고 사울을 격하했다는 것이다.

22 신명기 작가들이란 남방 유대가 망한 뒤 메시아사상을 조성한 랍비들이 이스라엘 백성들이 야훼의 봄을 지키지 않아서 벌을 당은 것이라고 역사를 해석하면서 그대까지의 그들의 역서를 재수정을 하여 이스라엘 사람들이 얼마나 하느님의 뜻에 역했는지를 돋보이게 하려고 했다. 이를 위해서 백성 중에 유포되는 이야기들을 그들의 신학에 맞게 변형을 해서 삽입을 했다.

다윗의 등극 과정

요시야 왕 당시 율법을 수정 강조하면서 종교개혁을 한 역사가들은 다윗 왕을 높이 칭송하기 위하여 그의 즉위 과정도 미화를 했다. 사무엘상 16장에 보면 야훼 하느님은 사무엘에게 베델에 가서 이새의 아들에게 기름을 부어 다음 왕으로 삼되 용모나 신장을 보지 말라고 하신다. 사람은 겉모양을 보지만 야훼는 속마음을 들여다보신다는 것이다. 그래서 사무엘은 키가 크고 늠름한 형들을 물리치고 아직도 들에서 양을 치는 여덟 번째 다윗에게 기름을 부었다는 것이다. 이것 역시 후기 예언자들이 삽입한 것이라고 학자들은 말한다.[23] 16장 14절 이후에 있는, 다윗이 사울의 궁중 악사로 추천되는 장면을 보면 "소인이 베들레헴 사람 이새의 아들을 알고 있는데 그는 수금을 잘 탈 뿐만 아니라 씩

---

23 P. K. McCarther, Ibid., pp.277-278

씩하고 날랜 용사로서 말도 잘하고 풍채도 좋은데다 야훼께서 함께 해주시는 사람입니다."라고 그의 신하는 찬사를 한다. 사무엘이 다윗에게 기름을 부을 때는 하느님은 외모를 보시지 않는다고 하면서 키 크고 늠름한 형들에게는 기름을 붓지 않고 목동인 다윗에게 부었다는 이야기와는 완전히 다르다. 그리고 다윗이 사울의 악사로 채용되었다는 다음 장에 목동 다윗이 블레셋 장군 골리앗을 돌멩이로 쳐 죽인 뒤 사울 왕을 처음 만난 것처럼 기록되어 있다. 그뿐만이 아니다. 사무엘상 15장 34절에 보면 사무엘이 다윗을 만난 일이 없다고 기록이 되어 있다. 사무엘이 다윗에게 기름을 부었다는 말과 동시에 다윗이 사울의 궁중에서 그를 보살폈다는 등의 이야기는 역사성이 없다. 다윗이 싸움을 잘하여 그가 싸움에서 돌아올 때마다 여인들이 나와서 "사울은 천 명을 죽이고 다윗은 만 명을 죽였다."고 노래하며 춤을 추었다는 것이다. 이 역시 믿을 수가 없다. 어찌 전권을 가진 왕이 있는데 여인들이 그렇게 노래할 수가 있겠는가? 그 후 사울은 악마가 들려서 발광을 하고 다윗을 시기해서 그를 죽이려 했다는 것이다. 이것 역시 믿을 수가 없는 이야기다. 왕이 다윗을 시기하여 죽이려면 얼마든지 죽일 수가 있는 것이다.

그러고 보면 후세의 역사가들은 다윗을 농민혁명군의 부대장으로 있다가 예루살렘을 점령하고 북쪽 이스라엘 백성들을 그의 수하에 넣어 통일 왕국을 세우고, 사울 왕과 오랜 관계가 있는 자로 사울을 향해서도 관용의 미덕을 보인 덕망이 있는 자로 표현했다.

그러나 다윗은 정말 그런 청렴하고 깨끗한 인물인가? 사무엘상 25

장에서 다윗의 아내가 된 아비가일의 이야기는 퍽 흥미롭다. 다윗이 이
끄는 농민혁명부대가 바란 광야에 가서 나발이라는 부자의 목장을 돌
보고 있었다. 나발은 양 3000마리, 염소 1000마리나 되는 큰 부자였
다. 그가 양털을 깎는다는 소식을 듣고 다윗은 부하를 시켜서 먹을 것
을 좀 보내달라고 요청했다. 그러나 나발은 이를 거절한다. 그러자 다
윗은 나발과 그와 같이 있는 남자들을 다 죽이려고 부하들을 데리고 내
려간다. 사울의 부하로 있을 때의 다윗의 모습과는 완전히 다르다. 이
소식을 들은 재색을 겸비한 나발의 아내 아비가엘이 갖가지 음식을 나
귀에 싣고 다윗에게 찾아와서 다윗더러 야훼의 축복을 받아 왕이 되실
분이라고 칭송을 한다. 자기가 드리는 음식을 받고 무지한 자의 피를
흘리지 말라고 권한다. 여기에 "재색을 겸비한 나발의 아내"라고 기록
한 것을 주목해야 한다. 사실 그녀는 다윗에게 아양을 떤 것이다. 다윗
은 그녀의 청을 듣고 피 흘리기를 중단하고 가져온 음식을 받았다고 기
록되어 있다. 그러나 다음 날 나발은 죽고 만다. 그리고 아비가엘은 다
윗의 애첩이 된다.

　이 이야기에서 학자들은 다윗의 실체를 찾아본다. 다윗은 먹을 것을
주지 않는다고 그곳에 있는 남자들을 다 죽이려고 했다. 이는 다윗이
이끈 무리들이 강도떼였다는 것을 말해준다. 아비가엘은 재색을 겸비
한 여자로 다윗의 애처가 되었고 그의 남편은 다음 날 죽었다는 것도
의심스럽다. 나발이 죽은 뒤 그의 재산도 아비가엘과 같이 다윗의 소
유가 될 수밖에 없다. 다윗의 부하들은 다윗의 심정을 살펴서 그가 원
하는 일들을 자행했음에 틀림이 없다.

성서에서 그런 예를 세 가지 발견한다. 역대기 11장 15절에서 19절까지 보면 다윗이 목이 말라서 "베들레헴에 있는 우물물을 길어다 줄 사람이 없을까?" 하고 중얼거리자 그의 30인 부대의 세 사람이 목숨을 걸고 들어가서 물을 길어온다. 이에 감격한 다윗은 생명을 걸고 길어온 물을 어떻게 마시겠느냐고 하면서 그 물을 쏟아 버린다. 다시 다윗의 인정 어린 모습을 그리는 것이다. 동시에 그의 부하들이 얼마나 그에게 충성을 다했느냐를 말하기도 한다.

다윗의 장군 요압이 북쪽 이스라엘의 장군 아브넬을 죽인 과정도 퍽 의심스럽다. 아브넬은 사울의 아들 이스보셋을 모시고 그의 세력을 굳혀갔다. 그러다가 아브넬이 사울의 애첩을 범함으로 이스보셋과 사이가 틀어지자 다윗에게 소식을 보낸다. "이 나라가 나의 것이 아니고 누구의 것입니까? 그러니 나와 계약을 맺읍시다. 나는 당신을 도와 온 이스라엘이 당신에게 돌아가게 하겠습니다." 하고 통첩을 보낸다. 이 소식을 들은 다윗은 아브넬을 맞이하여 두 나라가 하나가 되는 것에 합의한다. 그때 전쟁에서 돌아온 다윗의 장군 요압은 아브넬이 정탐하러 왔을 것이라고 하면서 아브넬을 그냥 돌려보내서는 안 된다고 다윗에게 간한다. 그리고 뒤쫓아 가서 아브넬을 죽인다. 성서에는 다윗이 이에 분노하는 것처럼 기록되었으나 요압은 아브넬은 믿을 수 없는 사람이라는 것을 알아 그를 죽임으로 다윗의 생각을 수행한다. 그가 섬기던 이스보셋을 배신하고 나라를 그와 대결했던 원수에게 상납을 하는 자를 어떻게 믿을 수가 있을 것인가. 다윗도 이것을 몰랐을 수 없다. 이것을 아는 요압은 그를 암살한 것이다.

다윗이 우리야의 아내와 동침을 하여 임신을 시킨 뒤 우리야를 처리한 과정도 그렇다. 우리야를 집에 돌아오게 하여 아내와 동침하게 하려 했으나 우리야는 그의 장군과 동료들이 전쟁터에서 위험을 무릅쓰고 있는 마당에 아내와 동침할 수 없다고 자기 집에 들어가지 않았다. 이것을 본 다윗은 요압을 시켜서 그를 전쟁터에서 죽게 한다. 요압은 자기 상관을 위해서는 무슨 일이든지 주저 않고 하는 사람이다. 그뿐만이 아니다. 다윗의 아들 압살롬이 아버지를 향하여 반란을 일으키고 왕좌를 빼앗으려 했다. 그때 요압은 압살롬을 죽이고 다윗의 왕권을 회복하게 했다. 그 후 다윗은 압살롬을 그리면서 통곡을 했다고는 하지만 요압은 언제나 다윗이 친히 할 수 없는 일들을 손수 맡아서 했다. 성서에 다윗은 그동안의 그의 공을 생각하여 그를 친히 죽이지 않고 아들 솔로몬에게 그 일을 맡긴 것처럼 기록되었다. 그러나 솔로몬이 그를 처단한 것은 그가 왕좌에 앉을 때 요압이 솔로몬과 대결한 아도니야를 지지했기 때문이라고 보아야 한다. 이렇게 다윗은 그의 정치적인 목적을 위해서는 지혜롭게 행동하는 듯했으나 실제로는 못하는 일이 없었다. 그러나 신명기 역사가들은 이를 지혜롭게 다듬어서 그를 미화시켰다. 그리고 나단의 이름으로 그의 후손이 대대로 왕이 될 것이라고 언명했다고 기록했다. 비록 다윗의 후손이 죄를 범하는 일이 있더라도 야훼가 일찍 사울에게서 사랑을 거둔 것처럼 다윗의 후손에게서는 사랑을 거두지 않을 것이라고 선언을 했다.

후대의 역사가들의 기록에 의하면 다윗은 야훼 하느님의 사랑을 받은 자로 기록되었다. 남과 북을 하나로 만들고 법궤를 예루살렘에 모셨다고 칭송하나 언제나 역사의 일선에 계시던 야훼를 성전에 가두어 자기의 수호신으로 만들었다. 동시에 북쪽의 이스라엘 사람들이 야훼에게 예배를 드리려면 예루살렘으로 오도록 만든 장본인이다. 그가 정성을 드려 야훼께 제사를 드리면서 충성을 다하는 것처럼 했으나 그것은 야훼가 그를 총애하신다는 것을 보이기 위함이다. 따라서 예루살렘과 성전이야말로 다윗 왕조의 상징과도 같이 높임을 받았으나 이사야나 예레미야는 이 성전을 가증스러운 곳이라고 선언하면서 하느님의 심판이 내릴 것이라고 했다. 다윗은 법궤를 예루살렘에 모시고 야훼의 이름을 오용한 또 하나의 바벨탑을 쌓은 것이다.

이렇게 다윗 왕가를 역사가들이 칭송했으나 다윗의 왕가는 하느님의 징벌을 면할 수가 없었다. 나단의 질책을 받은 다윗이 "나는 야훼 앞에서 죄를 지은 사람이라." 고백을 하고 그 벌로 아들의 죽음으로 면죄부를 받은 것처럼 기록이 되었으나 권력으로 자기의 욕망을 충족시키기에 주저하지 않은 그의 가문에는 앙화가 계속되었다. 권력욕에 사로잡힌 그의 아들들은 서로 죽이기를 주저하지 않았다. 압살롬은 왕좌를 탐내어 아버지에게 반기를 들다가 죽임을 당했다. 솔로몬은 왕좌에 등극하자 자기의 형제들을 다 처형했다. 다윗이 무력을 총동원하여 그 지역의 여러 종족들을 물리치고 영화를 누렸으나 그들은 다시 세를 모아 이스라엘을 침공해왔다. 다윗을 하느님이 소중히 여기는 아들이라고 불렀으나 그가 이룬 것은 야훼 하느님이 아브라함에게 약속한, 민족들이 서로 축복을 하는 정의롭고 평화로운 나라는 아니었다. 그 까닭은 그도 다른 왕과 같이 권세욕과 탐욕에 사로잡혀서 바벨탑을 쌓아 자신의 부와 영광을 위하여 사용하였기 때문이다.

다윗의 아들 솔로몬에 이르러서는 왕권이 더욱 타락했다. 그는 야훼를 모시는 성전은 그럴 듯하게 건축하고 법궤를 모시는 곳을 캄캄하게 했다. 그곳에 법궤를 모시면서 솔로몬은 이렇게 말했다.

"야훼께서는 몸소 캄캄한 데 계시겠다고 하셨습니다.

이곳에 영원히 계십시오.

제가 주님을 위하여 이 전을 세웠습니다."

이렇게 솔로문은 야훼를 캄캄한 곳에 모시고 대사제 외에는 아무도 그에 접근하지 못하게 했다. 문제가 있는 곳으로 언제나 출동하시던 야훼를 다윗이 성전 속에 가두어 무리들과 교류할 수 없게 만들었다. 그리고 밖에서는 자기가 하고 싶은 대로 행동을 했다. 그리고 그의 왕궁은 성전보다 몇 배나 더 크고 화려하게 지었다. 그 밖에도 예루살렘 도시는 물론 다른 많은 도시들을 건축하여 그의 명성을 널리 펼쳤다. 이를 위하여 노예들은 물론 북쪽에 있는 열 지파들에게도 무거운 짐을 지웠다.

그뿐만이 아니다. 그는 바로의 딸을 위시한 700명의 공주들을 후궁으로 거느리고 그 밖에도 300명의 미인들을 선택하여 그를 수청 들게 했다. 그리고 외국 공주들이 가지고 온 우상들을 섬기기도 했다. 예루살렘 동쪽 언덕 위에 모압 인들의 그모스 신당과 암몬의 우상 몰렉의 신당을 짓기도 했다. 이렇게 해서 그의 말년에는 나라 여기저기에서 반란이 일어나곤 했다. 그러고 보면 그는 결코 지혜 있는 왕이 아니다. 그러면서도 자신을 지혜 있는 왕이라 선전하여 대대로 가장 지혜 있는 왕이라고 칭송하게 했다. 그 후 계속해서 나라가 패망의 길로 달리자 다윗 왕조를 숭상한 예언자들이 다윗 왕의 후예에서 메시아가 올 것이라는 전통을 만든다.

그리고 이와 같은 왕의 오만은 솔로몬의 아들 르호보암 왕에게서 그 극치에 이른다. 르호보암의 즉위식에 솔로몬 왕에게 혹사를 당한 출애굽 전통을 이어받은 북쪽의 열 지파 대표들이 와서 진정서를 냈다. 솔로몬 왕이 그들에게 무거운 짐을 지웠는데 이제 왕위에 오르는 새 왕은 이 짐을 가볍게 해달라는 것이다. 본래 왕 전통을 가지지 않기로 한 북쪽 주민들에게 있어서 이와 같은 억압은 도저히 받아들일 수가 없었기 때문이다. 그들의 조상들의 청원으로 사울 왕을 모셨을 때는 이렇지가 않았다. 사울 왕은 방위군 사령관으로 일했을 뿐 백성을 인도한 자는 지혜 있고 공정한 사무엘 판관이었기 때문이다. 그러나 이런 백성들의 요청을 들은 르호보암은 어처구니없는 대답을 한다.

"선왕께서 너희에게 무거운 멍에를 메웠다. 그렇지만 나는 그보다 더 무거운 멍에를 메우리라. 선왕께서는 너희를 가죽채찍으로 치셨으나 나는 쇠채찍으로 다스리리라."(왕상 12:14)

권력에 도취한 바벨탑을 이룩한 다윗 왕조의 왕들이 얼마나 오만불손하게 되어 가느냐 하는 것을 우리는 시편 2편에 있는 대관식 노래를 보면 알 수 있다.

"어찌하여 나라들이 술렁대는가?

어찌하여 민족들이 헛일을 꾸미는가?

야훼를 거슬러, 그 기름부은 자를 거슬러

세상의 왕들은 들썩거리고

왕족들은 음모를 꾸미며

'이 사슬을 끊어 버리자!' '이 멍에를 벗어 버리자!' 한다마는

하늘 옥좌에 앉으신 야훼, 가소로와 웃으시다가

드디어 분노를 터뜨려 호통치시고 노기 띤 음성으로 호령하신다.

'나의 거룩한 시온산 위에

나의 왕을 내 손으로 세웠노라.'

나를 왕으로 세우시며 선포하신 야훼의 칙령을 들어라.

'너는 내 아들,

나 오늘 너를 낳았노라.

나에게 청하여라.

만방을 너에게 유산으로 주리라. 땅 끝에서 땅 끝까지 너의 것이 되

리라.

저들을 질그릇 부수듯이 철퇴로 짓부수어라.'

왕들아, 이제 깨달아라.

세상의 통치자들아, 정신을 차려라."(시 2:1-10)

저들은 이렇게 야훼 하느님을 유대 왕들의 폭정을 지원해주는 수호신으로 만들었다. 하느님의 이름을 여지없이 욕되게 하였다. 저들의 행태는 히브리인들이 단호히 거부하고 탈출을 한 애굽의 바로 왕과 다를 것이 하나도 없었다.

이렇게 출애굽 전통을 무시하고 다시 이방의 간악한 왕들이 하는 일을 반복하는 것을 본 실로 출신 아히야 선지는 자기가 입고 있던 옷을 열두 조각으로 찢은 뒤 그중 열 조각을 에브라임 족속인 여로보암에게 주면서 북쪽 열 지파를 다스릴 권한을 수여했다.(왕상 11:29-31) 따라서 출애굽 전통을 소중히 여기는 북쪽의 열 지파는 다윗 왕조에서 탈출을 하여 이스라엘 왕국을 세웠다.(북 왕국의 이야기는 다음 마당에서 이야기를 한다.)

유대 왕국의 예언자들

그 뒤를 따르는 왕들이 계속해서 자기들의 탐욕을 채우기 위해 폭력을 행사하고 다른 신들을 섬기게 되자 이를 정죄하는 예언자들이 나타났다. 이사야와 미가가 가장 두드러진 예언자다.

(1) 이사야(BC 740-701)

이사야는 예루살렘 귀족 출신으로 북쪽 이스라엘 왕국의 여로보암 2세 때에서부터 이스라엘이 아시리아에 정복당해서 패망하게 되는 때까지 남쪽에서 예언을 한 예언자다. 북쪽 이스라엘 왕 여로보암 2세 때 아시리아에 내분이 있어서 이스라엘과 유다를 위협하지 않을 때에는 나라가 부유하게 살 수 있었으나 권력층이 부를 독점함으로 일반 농민들이 비참하게 되었다. 동시에 바알 신 숭배가 심화되어 아모스와 호세아가 신랄하게 하느님의 심판을 선언했다. 이것이 이사야에게 깊은 감명을 주었다. 특히 야훼께 제사를 드리면서 야훼의 뜻에 역행하는 것에 대하여 분노하는 음성이 그에게 경종이 되었다.

남방의 우찌야 왕이 죽은 뒤(739) 이사야는 실의에 빠져 야훼의 전에 갔다가 성전 문설주들이 흔들리고 성전에 연기가 가득 찬 삼엄한 장면에서 서슬 퍼렇게 분노하시는 야훼 하느님을 만났다.(이사야 6장) 남쪽 유대의 왕은 물론 권력을 잡은 자들까지 야훼께 절기를 따라 제사는 드리면서도 백성들을 수탈하여 자기들의 배만 채우고 있었기 때문이다. 그렇게 분노하신 하느님 야훼가 "내가 누구를 보낼까?" 하고 말씀을 하시자 이사야는 "저를 보내 주십시오." 하고 응답을 했다. 그러자 야훼는 서릿발과도 같은 차디찬 선언을 하셨다.

"너는 가서 이 백성에게 일러라. '듣기는 들어라. 그러나 깨닫지는 말아라.

보기는 보아라. 그러나 알지는 말아라.'

너는 이 백성의 마음을 둔하게 하고

귀를 어둡게 하며

눈을 뜨지 못하게 하여라.

돌아 와서 성해지면 어찌 하겠느냐?"(사 6:9-10)

권좌에 앉아서 부와 영화를 누리는 자들은 눈이 있어도 보지 못하고 귀가 있어도 깨닫지 못하게 되어 무엇이 악이요 무엇이 선인지도 구별을 하지 못한다. 그들은 도저히 변할 수가 없다. 그러기에 그들의 눈을 더 멀게 하고 귀를 더 어둡게 하여 빨리 망하게 하라는 것이다.

당황한 이사야는 "어느 때까지이니까?" 하고 물었다. 야훼는 이렇게 대답을 하셨다.

> "도시들은 헐려 주민이 없고
> 집에는 사람의 그림자도 없고
> 농토는 짓밟혀 황무지가 될 때까지다……
> 주민의 십분의 일이 그 땅에 남아 있다 하더라도
> 그들마저 상수리나무, 참나무가 찍히듯이
> 쓰러지리라.(사 6:11-13)[24]

철저한 하느님의 심판이다. 그들에게는 아무 소망도 없다는 것이다. 그 뒤 그는 유대 나라 높은 자나 낮은 자나 할 것 없이 하느님의 뜻을 버성기는 자들에게 외쳤다.

> "아, 너희가 비참하게 되리라.
> 집을 연달아 차지하고 땅을 차례로 사들이는 자들아.

---

24 13절 "이렇듯 찍혀도 그루터기는 남을 것인데 그 그루터기가 곧 거룩한 씨다."라는 구절은 후에 첨가한 것이라고 학자들은 말한다. Otto Kaiuser, ISIAH, 1-12, A Commentary, Westminster Press, Philadelphia, 1972, p.84

빈터 하나 남기지 않고 온 세상을 혼자 사들이는 자들아.

만군의 주가 내 귀에 대고 명하신다.

'많은 집들이 흉가가 되어

제 아무리 크고 좋아도 인기척이 없게 되리라.'

……

아 너희가 비참하게 되리라.

새벽부터 독한 술을 찾아 나서고

밤늦게까지 술독에 빠져 있는 자들아.

……

'내 백성은 지각이 없어 포로가 되고

귀족은 굶어서 죽고 민중은 목이 타 죽으리라.'"

또 이사야는 야훼의 전에 와서 염소와 살진 양을 잡아서 사 드리고
는 야훼가 도와주실 것이라고 믿고 돌아서는 자들을 향해서 야훼의 분
노를 이렇게 토로한다.

"무엇하려 이 많은 제물을 나에게 바치느냐?

나 이제 숫양의 번제물에는 물렸다.

살진 짐승의 기름에는 지쳤다.

황소와 어린 양과 숫염소의 피는 보기도 싫다.

……

너희가 나를 보러 오는데

도대체 누가 너희에게 내 집 뜰을 짓밟으라고 하더냐?

더 이상 헛된 제물을 가져오지 마라.

이제 제물 타는 냄새에는 구역기가 난다

……

두 손 모아 아무리 빌어보아라.

내가 보지 아니 하리라.

빌고 또 빌어보아라.

내가 듣지 아니하리라.

……

착한 일을 익히고 바른 삶을 살아라.

억눌린 자들을 풀어주고

과부를 두둔해 주어라.

……

그러나 너희가 기어이 거역하면

칼에 맞아 죽으리라.” (사 2:10-20 요약)

야훼를 수호신으로 만들고 양과 염소를 잡아 그에게 제사를 드리고는, 나가서는 모든 악랄한 짓을 서슴지 않는 저들을 향하여 야훼는 구토증이 나 견딜 수 없으시다는 것이다. 따라서 이사야는 앞으로 그들이 겪을 야훼의 심판을 선언한 것이다. 종교 의식이 문제가 아니다. 삶이 문제다. 삶이 따르지 않는 종교 의식이란 구역질이 난다는 것이다. 법궤를 예루살렘에 모시고 그를 위하여 성전을 지음 다음 이 성전에 모신 야훼의 이름으로 권위를 남용한다는 것은 도저히 용서할 수 없다는 것이다.

(2) 미가 선지자의 예언

이사야가 예루살렘 중심으로 활약을 했을 때 꼭 같은 심정으로 농촌에서 활약을 한 또 하나의 예언자가 있었다. 그는 미가다.(BC 725-701) 예언자 미가 역시 이사야와 마찬가지로 유대 나라의 집권자들과 종교 지도자들의 타락상에 불을 토하는 듯한 분노를 터뜨렸다. 밑바닥에 있는 민중들을 수탈하는 것을 보면서 "나는 벌거벗은 채 맨 발로 돌아다니면서 가슴을 치며 울어야 하겠다."고 한탄하면서 이렇게 그들을 정죄한다.

> "망할 것들! 권력이나 쥐었다고
> 자리에 들면 못된 일만 꾸몄다가
> 아침 밝기가 무섭게 해치우고 마는
> 이 악당들아,
> 탐나는 밭이 있으면 빼앗고
> 탐나는 집을 만나면 제 것으로 만들어
> 그 집과 함께 임자도 종으로 삼고
> 밭과 함께 밭 주인도 부려 먹는구나."(미 2:1-2)

"야곱 가문의 어른들은 들어라. 이스라엘 가문의 지도자들은 들어라.

무엇이 바른 일인지 알아야 할 너희가

도리어 선을 미워하고 악을 따르는구나!

내 겨레의 가죽을 벗기고

뼈에서 살을 발라내며,

내 겨레의 살을 뜯는구나.

가죽을 벗기고 뼈를 바수며

고기를 저미어 남비에 끓이고

살점은 가마솥에 삶아 먹는구나.

그런데도 야훼께서 부르짖는 너희 기도를

들어 주실 성싶으냐?"(미가 3:1-4)

겨레를 그릇된 길로 이끄는 예언자들을 두고 야훼께서 이렇게 말씀
하셨다.

"예언자라는 것들,

입에 먹을 것만 물려 주면

만사 잘 되어 간다고 떠들다가도

입에 아무것도 넣어 주지 않으면

트집을 잡는구나!

그래서 너희 백성은 앞을 내다볼 수 없는 밤을 맞았다.

내일을 점칠 수 없는 어둠에 싸였다."(미 3: 5-6)

"야곱 가문의 어른들이라는 것들아, 이스라엘 가문의 지도자라는 것들아,

정의를 역겨워하고 곧은 것을 구부러뜨리는 것들아,

이 말을 들어라.

너희는 백성의 피를 빨아 시온을 세웠고,

백성의 진액을 짜서 예루살렘을 세웠다.

예루살렘의 어른이라는 것들은

돈에 팔려 재판을 하고

사제라는 것들은 삯을 받고 판결을 내리며

예언자라는 것들은 돈을 보고야 점을 친다.

그러면서도 야훼께 의지하여,

'야훼께서 우리 가운데 계시는데,

재앙은 무슨 재앙이냐?' 하는구나!"(미 3:9-11)

미가는 야훼의 이름을 오용하면서 오만불손한 바벨탑을 쌓은 나윗 왕국의 악랄한 모습을 신랄하게 비판한다. "야훼께서 우리 가운데 계시는데 재앙은 무슨 재앙이냐."라는 말이야말로 야훼 하느님의 이름을 오독하는 일이다. 그래서 미가는 그 바벨탑의 내일에 대하여 이렇게 외친다.

"시온이 갈아 엎은 밭이 되고,

예루살렘이 돌무더기가 되며,

성전 언덕이 잡초로 뒤덮이게 되거든,
그것이 바로 너희 탓인 줄 알아라."(미 3:12)

이렇게 이사야와 미가가 비참한 유대 나라의 패망을 예고하지 않을
수가 없는 이유를 우리는 서슬 퍼런 이사야의 말에서 본다.

"아, 너희가 비참하게 되리라.
나쁜 것을 좋다, 좋은 것을 나쁘다,
어둠을 빛이라, 빛을 어둠이라,
쓴 것을 달다, 단 것을 쓰다 하는 자들아!
아, 너희가 비참하게 되리라.
지혜있는 자로 자처하는 자들아!
유식한 자로 자처하는 자들아!
아, 너희가 비참하게 되리라"(사 5:20-22)

문제는 그들의 가치가 완전히 전도되었다는 것이다. 출애굽 전통에
의하면 생명이 소중하고 서로 위하고 아끼면서 사는 것이 하느님의 뜻
이다. 특히 과부, 고아, 떠돌이들을 도우면서 사는 평화공동체를 이룩
하라는 것인데, 저들은 물질과 향락을 좋아하고 이를 위하여 힘을 오
용하여 사물을 바르게 볼 수도 느낄 수도 없게 되었다는 것이다. 이렇
게 가치가 완전히 전도된 자들은 사물을 바르게 판단할 수 없어서 곁
길로 나가지 않을 수가 없다. 지혜가 있다고 자처하는 자, 유식하다고

자처하는 권좌에 앉은 자들은 더욱 그렇다. 예언자들은 이런 뒤바뀐 가치관을 가진 저들의 패망을 불 보듯이 명확히 본 것이다. 그리고 바벨탑 윗자리에 앉아 스스로 지혜 있다고 하는 자들, 유식하다는 자들은 갖가지 꾸민 말로 자신을 정당화한다. 그러기에 그들은 비참하게 될 수밖에 없다.

그러나 야훼 하느님이 다윗 왕을 지극히 사랑하신다고 믿는 후대의 이사야의 제자들은 다윗 왕조가 그렇게 완전히 망하고 만다고 생각할 수 없었다. 따라서 저들은 다음과 같은 말을 이사야의 입에 넣는다.

> "이렇듯 찍혀도 그루터기는 남을 것인데
> 그 그루터기가 곧 거룩한 씨다."(사 6:13b)

이 "그루터기"란 "이새의 뿌리"라는 말이다. 이새의 뿌리에서 메시아가 탄생한다는 메시아사상이 발전된다. 9장 1-6절에 있는 예언이 바로 그것이다.

> "우리를 위하여 태어날 한 아기
> 우리에게 주시는 아드님
> 그 어깨에는 주권이 메어지겠고
> 그 이름은 탁월한 경륜가, 용사이신 하느님,
> 영원한 아버지, 평화의 왕이라 불릴 것입니다.
> 다윗의 왕좌에 앉아 주권을 행사하여

그 국권을 강대하게 하고 끝없는 평화를 이루며

그 나라를 법과 정의 위에 굳건히 세울 것입니다.

이 모든 일은 만군의 야훼께서 정열을 쏟으시어

이제부터 영원까지 이루실 것입니다."(사 9:1-6 요약)

이 시는 히스기야 왕의 대관식 때 이사야가 부른 축하의 시라고 하는 학자도 있다. 이와 같은 새 내일에 대한 암시가 그 후 이사야의 제자들을 통하여 메시아사상으로 확대된다. 바벨탑의 꿈을 버릴 수가 없다는 것이다. 이에 대한 많은 시 중 두 가지만 예거한다.

"이새의 그루터기에서 햇순이 나오고

그 뿌리에서 새싹이 돋아난다.

야훼의 영이 그 위에 내린다.

지혜와 슬기를 주는 영,

경륜과 용기를 주는 영,

야훼를 알게 하고 그를 두려워하게 하는 영이 내린다.

그는 야훼를 두려워하는 것으로 기쁨을 삼아

겉만 보고 재판하지 아니하고

말만 듣고 시비를 가리지 아니하리라.

가난한 자들의 재판을 정당하게 해 주고

흙에 묻혀 사는 천민의 시비를 바로 가려 주리라.

그의 말은 몽치가 되어 잔인한 자를 치고

그의 입김은 무도한 자를 죽이리라.

그는 정의로 허리를 동이고 성실로 띠를 띠리라."(사 11 : 1-5)

그러면

"늑대가 새끼양과 어울리고

표범이 숫염소와 함께 뒹굴며

새끼사자와 송아지가 함께 풀을 뜯으리니

어린아이가 그들을 몰고 다니리라.

암소와 곰이 친구가 되어

그 새끼들이 함께 뒹굴고 사자가 소처럼 여물을 먹으리라.

젖먹이가 살모사의 굴에서 장난하고

젖뗀 어린아기가 독사의 굴에 겁없이 손을 넣으리라.

나의 거룩한 산 어디를 가나

서로 해치거나 죽이는 일이 다시는 없으리라.

바다에 물이 넘실거리듯

땅에는 야훼를 아는 지식이 차고 넘치리라."(사 11 :6-9)

그렇게 되면

"장차 어느 날엔가

야훼의 집이 서 있는 산이

모든 멧부리 위에 우뚝 서고

모든 언덕 위에 드높이 솟아

만국이 그리로 물밀듯이 밀려 들리라.

그 때 수많은 민족이 모여 와서 말하리라.

'자, 올라 가자, 야훼의 산으로,

야곱의 하느님께서 계신 전으로!

사는 길을 그에게 배우고 그 길을 따라 가자.

법은 시온에서 나오고, 야훼의 말씀은 예루살렘에서 나오느니.'

그가 민족간의 분쟁을 심판하시고

나라 사이의 분규를 조정하시리니,

나라마다 칼을 쳐서 보습을 만들고

창을 쳐서 낫을 만들리라.

민족들은 칼을 들고 서로 싸우지 않을 것이며

다시는 군사훈련도 하지 아니하리라.

오, 야곱의 가문이여,

야훼의 빛을 받으며 걸어 가자."(사 2:2-5)

　실로 아름다운 그림이다. 그러나 이것은 그들의 종교제국적인 사고다. 바벨탑의 꿈을 붙잡고 놓지 못하는 모습이다. 어찌 호화스런 왕실에서 자란 왕자들이 밑바닥에 있는 천민들의 아픔을 이해하여 그들의 한을 풀어주는 선왕이 될 수가 있다는 말인가?

(3) 개혁을 하려고 한 왕들의 한계

물론 유대 나라에도 야훼의 뜻대로 살아보려고 한 왕들이 없는 것은 아니다. 히스기야 왕과 요시야 왕이 그 좋은 예다. 히스기야는 아하스 왕 이래로 남하하는 아시리아의 압력으로 조공을 바치고 아시리아 성전을 예루살렘에 유지하기도 했으나(BC 688) 시리아가 회군을 하게 되자 종교 개혁을 시작하였다. 예루살렘에 있는 아시리아의 성전을 허물고 지역들에 있는 다른 신전들도 허물었다. 그리고 이미 패망한 북왕국 이스라엘 지도자들에게 그곳에 있는 야훼를 섬기는 산당들을 폐지하고 예루살렘 성전에 와서 유월절을 지키라고 권하기도 했다. 말하자면 예루살렘 성전을 중심으로 북방의 이스라엘 백성들을 다시 다윗 전통으로 병합시키려고 한 것이다. 그러나 다윗 왕 자신이 바벨탑을 쌓은 그릇된 전통인 것을 그가 알 까닭이 있겠는가?

그가 죽은 뒤 므낫세 왕이 다시 히스기야 왕이 파괴한 신전들을 재건하고 바알 신전과 아세라 목상들을 만들 뿐만 아니라 하늘의 별들을 섬기고 왕자들을 제물로 드리는 등 간악한 일들을 했다. 그리고 그 뒤를 이은 아몬 왕도 므낫세 왕의 뒤를 따라 같은 악행을 하자 그 밑에 있던 농민들이the people of the land 들고 일어나서 그를 제거하고 여덟 살의 어린 요시야를 왕으로 모셨다.(BC 641-609) 말하자면 민중혁명이다.

요시야가 즉위한 지 18년 만에 그는 예루살렘 성전을 재건하도록 했다. 그렇게 하다가 야훼의 법전을 발견했다. 히스기야 왕 때 사용하던 북쪽 이스라엘에서 흘러들어온 법전을 므낫세와 아몬 때 성전 바람벽에 감추었던 것이리라.

　요시야 왕은 모든 고관과 백성들을 불러 모아 그것을 읽고 야훼 앞에서 그것을 다 지키기로 서약을 했다. 그런 뒤 요시야 왕은 일대 종교개혁을 수행했다. 므낫세와 아몬이 세운 각가지 우상을 다 부수고 높은 산에 있는 이스라엘 백성들이 야훼를 섬기던 산당들도 다 부수었다. 그리고 모든 예배를 예루살렘에 있는 야훼의 제단으로 집중시켰다. 히스기야가 시작했던 종교개혁을 본격적으로 수행하고 남북조를 다 예루살렘 성전 중심으로 통합하려고 했다. 말하자면 다윗의 도성 예루살렘과 성전 중심의 다윗 전통을 재건하려는 것이었다. 그러나 요시야 왕의 시도도 허무하게 끝맺는다. 다윗 왕조가 조성한 바벨탑이 문제인 것을 보지 못했기 때문이다.

　그 후 요시야 왕은 주전 609년에 이집트 왕 바로 느고가 바빌론에 항거하려는 아시리아를 도우려고 출병하는 것을 막으려고 하다가 전사를 했다. 그리고 그 뒤를 이은 여호아하스, 여호야김, 야호야긴, 시드기야 등 모든 왕들이 다시 권력욕에 사로잡혀서 하느님의 뜻에 역행하는 정치를 하다가 하느님의 징계를 받아서 주전 587년에 망하고 말았다. 민중의 혁명으로 시작된 요시야의 종교개혁은 완전히 실패로 돌아갔다.

　그 까닭은 무엇인가? 그것은 저들이 다윗 왕조를 회복하면 하느님이 보호해 주실 것이라고 믿은 까닭이다. 다윗 왕 자신이 야훼의 이름을 오용을 하면서 바벨탑을 쌓았다는 것을 알지 못했기 때문이다. 그리고 야훼의 전에 제사를 드리면 야훼가 지켜줄 것이라고 생각을 한 것이다. 야훼가 이스라엘을 만방 위에 높이 올릴 것이라고 생각한 것이다. 민중들이 혁명을 하기는 했으나 그들의 가치관에는 아무런 변화가 없었다. 왕이 주도하는 개혁이었을 뿐 모두의 마음에는 아무런 변화가 없었다. 성전에 예물을 드리면서도 하느님의 뜻에 거스르는 일을 여전히 했다. 그래서 예레미야는 성전에 와서 예물을 드리고 나가서 같은 악을 행하는 무리들을 보고 분노를 터뜨렸다.(렘 7:1-11)[25]

요시야 왕의 종교개혁 정신을 이어받은 랍비들은 다윗을 미화하고 다윗의 후예에서 메시아가 나와 다윗 왕조의 영화를 재건할 것이라고 믿었다. 이사야서 2장에 있는, 하느님이 시온 산을 모든 멧부리 위에 높이 치솟게 하고 만방들이 그 밑에 와서 그 가르침을 들으라는 바벨탑의 재건을 기대한 것이다. 그러면서 이스라엘 백성들이 오랫동안 율법을 지키지 않고 이방 신들을 섬긴 것을 참회하면서 그들의 역사를 다시 보완했다. 그리고 바빌론에 잡혀간 뒤 이를 수정 보완했다. 이것을 신명기 역사라고 부른다. 이 역사의 핵심은 다윗 왕을 중심으로 한 예루살렘 전통과 시온 산에 높이 서 있는 야훼의 성전이다. 그들은 다윗을, 야훼를 정성껏 모시어 그의 특별한 사랑을 받은 왕으로 여겨, 다윗의 도성 예루살렘과 그가 세운 성전을 무엇보다도 소중히 여겼던 것이다. 동시에 이방 신들을 섬긴 것 때문에 하느님의 징계를 받은 것을 강조하면서 이를 참회하면 하느님은 다시 그들을 돌봐주신다고 믿은 것이다. 따라서 스스로 선민이라고 자처하면서 이방인들과 접촉을 하지

---

25 예레미야에 관해서는 출애굽 전통을 살피는 다음 마당에서 논할 것이다.

않는 선민사상을 강조했다. 한마디로 혁신을 하려고 하면서도 바벨탑
의 악령을 추방하지 못했던 것이다.

둘째 마당의 정리

둘째 마당에서 농민 혁명군의 부대장인 다윗이 무력으로 통일 다윗 왕국을 형성하는 과정을 짚어본다. 그는 야훼를 수호신으로 삼으면서 권력을 마음대로 행사할 수 있는 바벨탑을 쌓는다. 그리고 야훼의 이름을 자신의 탐욕을 채우기 위하여 이용한다. 그리고 그의 뒤를 따르는 왕들은 우상까지 섬기면서 날로 더 험악하게 폭력을 행사한다.

이에 이사야와 미가 같은 예언자가 나타나서 이를 질책하나 그것은 마이동풍이요 나라는 날로 험악해간다. 뿐만 아니라 주변의 강대국들의 침범이 잦아지면서 나라는 날로 위기에 처하게 된다.

이렇게 되면서 히스기야나 요시야 왕처럼 우상을 제거하고 예루살렘 성전에 계신 야훼에게만 예배를 드려서 다윗 왕조의 전통을 세우려고 해도 이는 허사로 돌아간다. 근본적인 악의 뿌리가 무엇인지를 보지 못했기 때문이다. 그것은 야훼의 이름을 오용하면서 바벨탑을 쌓았기 때문이다.

다윗 왕을 숭상하고 요시야 왕의 영향을 받은 랍비들은 다윗 왕을 예찬하고 예루살렘 성전 예배를 강조하는 신명기 역사를 작성하여 다윗 왕조가 조성한 바벨탑을 재건하려 했다. 이들은 메시아사상을 만들어내고 이스라엘 백성들이 죄를 회개하고 선민으로서 이방인과의 접촉을 엄금하는 동시에 율법을 지키면 하느님이 그들의 죄를 용서하시고 다시 사랑의 관계를 이룩하실 것이라는 전통을 창출했다.

결국 다윗 왕국은 블레셋 느부갓네살 왕의 침공으로 무너지고 지도력이 있는 부류의 사람들은 다 바빌론에 포로가 되었다.

셋째 마당

출애굽 전통을 되살린 북왕국 이스라엘

솔로몬 왕과 르호보암의 망동을 보고 여기서 탈출하여 세운 이스라
엘 왕국의 이야기를 생각해보자.

여로보암은 에브라임족에 속한 스레다 출신의 장사인데 솔로몬 왕
이 그의 능력을 보고 다윗의 성을 보수하는 일의 총 책임자로 등용했
다. 하루는 그가 노상에서 실로 출신 아히야 선지를 만났다. 아히야 선
지는 그가 입고 있던 새 옷을 찢어서 열두 조각으로 나눈 뒤 열 조각을
여로보암에게 주면서 열두 지파 중 열 지파를 야훼께서 그에게 준다고
선언했다. 다윗 왕조의 타락상을 보고 야훼가 출애굽 전통을 이어받은
북쪽 열 지파를 독립시키신다는 것이다.

이렇게 하여 이스라엘 왕국을 세운 여로보암은 야훼를 섬기는 예배
처소를 마련하려 금송아지 둘을 만들어서 하나는 베델에, 다른 하나는
단에 두었다. 법궤가 예루살렘에 모셔졌기에 이에 대치되는 예배 처소

를 만든 것이다. 야훼 하느님이 이 금송아지 위에 계시기에 모두 와서 제사를 드리라는 것이다. 이스라엘 백성들이 야훼께 제사를 드리는 제단을 만들지 않으면 이스라엘 백성들이 예루살렘으로 가게 될 것을 우려한 것이다.

그러나 북쪽 이스라엘에서는 예언자들이 나라가 나아갈 방향을 제시하고 왕들은 사울 왕 때처럼 전투 사령관의 역할을 하였다. 따라서 그들의 권위는 미약해서 계속 반란과 시해 사건이 잇따랐다. BC 930년에 여로보암이 왕위에 오른 뒤 BC 874년 6대 왕 옴리가 왕위에 오르기까지 다섯 차례나 왕권이 바뀐 것을 보아도 알 수 있다. 그것도 왕권을 탐하는 자들의 반란과 살해를 통해서였다. 이 이야기가 말하는 것은 하느님의 뜻이 왕들을 통해서 이룩될 수 없다는 것이다. 그들은 하나같이 힘의 철학에 사로잡혀서 자신의 권세와 영광만을 추구하게 되기 때문이다.

이런 와중에 백성들이 나아가야 할 방향을 제시한 자들은 출애굽 전통을 바르게 이어받은 예언자들이다. 예언자들은 고난을 통해서 바벨탑의 악령을 명확히 보고 이를 집단적으로 거부할 뿐만이 아니라 이에 대치되는 새 내일을 추구함으로 하느님의 뜻을 깨닫는다. 출애굽 전통을 소중히 여기는 북쪽의 예언자들은 고난을 직시하고 이에 대치되는 새 내일을 꿈꾸면서 백성들의 갈 길을 밝혀주었다. 그중 중요한 역할을 한 예언자들은 북쪽 이스라엘에서는 엘리야와 아모스, 그리고 호세아다.

1. 엘리야

엘리야는 예언자들 가운데 가장 대표적인 인물이다. 그가 대결한 왕은 아합 왕이다.(BC 873-853) 아합의 부왕 옴리는 자신의 왕권을 견고히 하기 위해서 사마리아에 산성을 구축하여 다윗의 도성 예루살렘에 맞먹게 하려고 했다. 그의 아들 아합이 왕위에 오르자 시돈의 에드바알 왕과 결의를 맺고 그의 딸 이세벨과 결혼을 한 것 역시 그의 왕권을 견고히 하려는 의도에서였다. 아직 이스라엘에서는 왕권이 확보되지 않았기 때문이다.

이렇게 하여 아합 왕의 왕후가 된 이세벨은 사마리아에 바알 신전을 짓고 바알 숭배를 확산시켰다. 바알은 전투에 능한 남성 신일 뿐만 아니라 비를 오게 하는 농경 신으로 알려져, 북쪽 농경민들에게는 바알 문화가 쉽게 확산되었다. 이세벨을 왕후로 삼음으로 아합 왕의 권위도 한층 더 견고해졌다. 그 후 이세벨은 야훼 하느님에게 도전하여 야훼의 예언자들을 살해하고 엘리야도 체포하여 처형을 하려고 했다. 말하자면 야훼와 바알의 대결전이 전개된 것이다.

이렇게 되자 엘리야는 야훼의 지시로 3년 동안 비가 오지 않게 한다. 그리고 3년이 지난 뒤 가멜 산상에서 바알의 사제 450명과 비를 오게 하는 내기를 했다. 이 내기에서 엘리야가 대승을 하여 비를 오게 하는 분이 야훼라는 것을 밝히려 했다.

요시야 왕의 재가를 받아 엘리야는 가멜 산 산상에서 이스라엘 백성들을 불러 모아놓고 그들에게 말했다.

"여러분들은 언제까지 양다리를 걸치고 살 것입니까? 만일 야훼가 하느님이거든 그를 따르고 바알이 하느님이면 그를 따르십시오."

이렇게 말한 그는 황소 두 마리를 마련케 하고 먼저 450명의 바알의 사제더러 바알에게 제사를 드리라고 했다. 불을 붙이지 말고 그들의 신에게 불을 내리게 하라고 했다. 그러자 450명이나 되는 바알신의 사제들은 제단을 쌓아 놓고 제물을 바친 뒤 자기들의 몸에 상처를 내면서 바알에게 불을 내려 달라고 기원을 했다. 이렇게 정오까지 했으나 청명한 하늘은 그대로 있었다.

그러자 엘리야는 열두 지파를 상징하는 돌 열두 개로 제단을 만들고 그 위에 장작을 놓고 소를 잡아서 그 위에 놓았다. 그리고 그 주변에 도랑을 파고 네 동이의 물을 세 번씩 붓게 했다. 그리고 야훼께 기도를 했더니 하늘에서 불이 내려와서 제물은 말할 것도 없고 도랑의 물들도 다 말렸다. 이렇게 대승을 한 엘리야는 바알의 사제 450명을 다 죽인다. 다시 말해서 바벨탑을 쌓으려고 모신 바알 신의 허무함을 밝힌 것이다.

그러나 이야기의 핵심은 이제부터 전개된다. 엘리야가 이렇게 바알의 사제들과 대결하여 대승을 하였으나 문제는 오히려 더 악화되었다. 이 이야기를 들은 이세벨은 대노하여 엘리야를 체포하여 사형에 처하려 한 것이다. 그를 둘러싼 바알의 세력이 그렇게도 강했던 것이다. 사실 그렇게 강한 바벨탑의 문화를 한 사람이 허물어뜨릴 수는 없다. 그래서 엘리야는 재빨리 호렙 산으로 피신했다. 호렙 산은 출애굽 공동체가 야훼와 계약을 맺은 곳이기에 거기에 가서 야훼와 담판을 하려는 것이었다.

엘리야가 야훼의 산 앞에 서자 강한 바람이 불어서 산을 뒤흔들고 바위를 산산조각이 나게 했다. 그런데 야훼는 거기에 계시지 않았다. 그러자 지진이 강하게 일어났다. 그 지진에도 야훼가 계시지 않았다. 다음에는 불이 일어났다. 그 불 속에도 야훼는 계시지 않았다. 그 불이 사라진 뒤 고요한 적막 속에서 비로소 하느님의 음성이 들렸다.(왕상 18장-19장)

이 사건은 북쪽 예언자들의 하느님 이해에 일대 전기를 초래했다. 앞으로 하느님은 출애굽 사건 때와 같이 외적인 놀라운 사건을 통해서 나타날 것이 아니라 역사를 직시하면서 조용히 그 의미를 추구하는 깊은 통찰을 통해서 나타나실 것이라는 것이다. 출애굽 사건에서도 바람이 불고 지진이 나고 불길이 치솟는 외적인 현상보다 히브리인들의 영이 집단적으로 고난을 통해서 악을 악으로 직시하고 이를 거부하며 새 내일을 갈망했을 때, 그들의 영이 야훼 하느님의 영과 하나가 되어 출애굽 사건을 이룩하셨다는 것이 더 중요하다는 것이다. 이것이 출애굽 전통의 핵이다.[26]

야훼 하느님은 엘리야에게 말씀하셨다.

"다마스커스 광야로 해서 돌아 가거라. 다마스커스성에 들어 가거든 하자엘을 기름부어 시리아의 왕으로 세우고 님시의 아들 예후를 기

---

26 John Gray: 『I & II Kings』, The Westminster Press, Philadelphia, 1970, p.410

름부어 이스라엘의 왕으로 세워라. 그리고 아벨므홀라 출신 사밧의 아들 엘리사를 기름부어 네 뒤를 이을 예언자로 세워라.”(왕상 19:15-16)

이 선언이 말하는 것은 야훼는 이스라엘의 하느님일 뿐만이 아니라 온 인류의 역사를 주관하시는 분이라는 것이다. 그리고 그가 하시는 일을 바르게 알아서 세상에 알리게 하는 중책이 예언자들에게 있다는 말이다. 따라서 그 후로 이 전통을 이어받은 예언자들은 언제나 이스라엘 백성뿐만이 아니라 주변 나라들에서 이루어지는 일들을 주시하고 이에 대한 야훼 하느님의 뜻을 전했다.[27]

2. 아모스

아모스는 남쪽 유대 나라 드고아에 사는 농민의 한 사람이다. 그는 스스로를 목자요 들 무화과를 가꾸는 자라고 소개한다.(암 7:14) 그런데 그의 예언을 보면 유대 나라나 이스라엘은 더 말할 것도 없고 주변에 있는 나라들이 자행하는 각가지 악행들을 샅샅이 알고 있다. 세상이 그릇되게 돌아가는 것을 보면서 아파하는 농민이었다. 야훼 하느님은 그를 선택하여 북쪽 이스라엘에 가서 그의 말씀을 전하라고 한다. 그것이 여로보암 2세(주전 786-745) 때이다. 아모스의 영이 주변에서 자행되는 악행들을 보면서 걱정하고 아파했기에 하느님의 영과 통한 것이다.

---

27 John Gray: Ibid., p.410

남쪽 유대 땅에 살던 그가 예루살렘이 아니라 북쪽 베델에 와서 예언을 했다는 것 역시 기이한 일이 아닐 수가 없다. 그가 한 말을 살펴보면 그는 북쪽 이스라엘 전통과 기가 통한다고 보아야 한다. 북쪽은 출애굽 전통을 이어받은 자들이 모여서 사는 곳이다. 따라서 그곳에서 나온 예언자들은 언제나 야훼 하느님이 어떻게 그들을 애굽에서 구출하여 40년 동안 광야에서 지켜주었느냐를 말하면서 하느님의 뜻에 따라서 살라고 권하곤 했다. 남쪽 유대 나라 전통의 예언자들은 그와 반대로 성왕이라는 다윗이 바벨탑을 쌓기 위하여 오용한 하느님의 이름으로 예언하려고 했다. 그런데 아모스는 북쪽 전통의 예언자처럼 출애굽 사건을 이야기 하면서 야훼 하느님의 뜻에 따라서 살 것을 강권했다. 곁길로 나가는 이스라엘을 규탄하면서 그는 이렇게 호소한다.

"누가 너희를 에집트에서 구해 내었느냐?
내가 아니었더냐?
나는 너희를 사십 년 동안 광야에서 이끌어 주었고
아모리족을 너희 앞에서 멸해 버렸다.
아모리인들은 그 키가 잣나무 같았고
힘이 상수리나무 같았으나,
나는 그 열매를 가지째 땄고
뿌리를 송두리째 뽑아 버렸다.
너희의 자손들을 예언자로 세웠고
젊은이들은 나지르인으로 삼았다.

이스라엘 사람들아,

사실이 그렇지 아니하냐?"(암 2:9-11)

그러고 보면 그는 예레미야처럼 출애굽 전통을 이어 받은 자로 남쪽 유대 나라에 사는 자라고 보아야 할 것 같다.

그가 이스라엘의 성지인 베델에 나타나서 준엄한 음성으로 야훼의 심판을 선포했다. 그는 이스라엘 주변에 있는 나라들의 죄상에 대한 야훼의 심판의 말로 전했다.

"나 야훼가 선고한다.

다마스쿠스가 지은 죄,

그 쌓이고 쌓인 죄 때문에

나는 다마스쿠스를 벌하고야 말리라."(암 1:3)

이렇게 서두를 뗀 그는 다마스쿠스가 지은 죄를 고발했다. 그리고 계속해서 다른 나라의 죄상을 고발했다.

다마스쿠스의 죄:

"쇠꼬챙이 박힌 타작기를 돌리며

길르앗 주민을 짓바순 죄 때문이다."(암 1:3하)

가사와 블레셋의 죄:

"사람들을 마구 잡아다가

에돔에 팔아 넘긴 죄 때문이다."(암 1:6하)

두로의 죄:

"사람들을 온통 사로잡아

에돔에 팔아 넘긴 죄 때문이다."(암 1:9하)

에돔의 죄:

"동기간의 정을 끊고

칼로 겨누며 달려들었다.

사뭇 증오심에 불타 올라

끝내 앙심을 풀지 않은 죄 때문이다."(암 1:11하)

암몬의 죄:

"길르앗에서 임신한 여인의 배까지 가르며

영토를 넓힌 죄 때문이다."(암1:13하)

모압의 죄:

"죽은 에돔 왕의 뼈까지 태워

재를 만든 죄 때문이다."(암2:1하)

유다의 죄:

"야훼의 법을 거부하고 그 규정을 지키지 않은 죄 때문이다."(암2:4하)

이와 같은 악은 다 권력과 탐욕으로 자신들의 부와 영화를 누리려는 바벨탑의 행태이다. 이렇게 그들과 대결하는 나라들의 죄목을 들면서 야훼의 준엄한 심판을 선포하는 아모스의 말을 듣는 이스라엘 백성들은 신나서 박수를 쳤으리라. 그러나 그 뒤를 이어 쏟아져 나오는 아모스의 음성에 둘러싸여 있던 이스라엘 사람들의 얼굴 표정은 차갑게 굳어져 갔을 것이다.

"나 야훼가 선고한다.
이스라엘이 지은 죄,
그 쌓이고 쌓인 죄 때문에
나는 이스라엘을 벌하고야 말리라."(암 2:6)

다시 이렇게 서두를 뗀 아모스는

"죄없는 사람을 빚돈에 종으로 팔아 넘기고,
미투리 한 켤레 값에
가난한 사람을 팔아 넘긴 죄 때문이다.
너희는 힘없는 자의 머리를 땅에다 짓이기고
가뜩이나 기를 못 펴는 사람을 길에서 밀쳐 낸다.
아비와 아들이 한 여자에게 드나들어

나의 거룩한 이름을 더럽힌다.

저당물로 잡은 겉옷을 제단들 옆에 펴 놓고 그 위에 뒹굴며,

벌금으로 받은 술을

저희의 신당에서 마신다."(암 2:6하-8)

이렇게 강자들이 약자들을 짓밟을 뿐만 아니라 바알 신전에 가서 바알을 섬기고 신전 창녀들과 놀아나는 것을 질책하신다. 그리고 온통 뒤죽박죽이 된 사마리아를 규탄하면서 바른 일을 하는 자는 하나도 없다고 개탄을 한다.(암 3:9-10) 모두 바벨탑의 악령에 사로잡혔다는 것이다.

그는 또 특권자들의 여인들이 자행하는 행태를 이렇게 비꼰다.

"사마리아 언덕에서 노니는 여인들아,

남편을 졸라 술을 가져다 마시며

힘없고 가난한 자를 짓밟는 자들아,

주 야훼께서 당신의 거룩하심을 걸고 맹세하신다.

너희를 갈고리로 끌어 내고

너희 자식들을 작살로 찍어 낼 날이 이르렀다."(암 4:1-2)

그러면서도 절기가 되면 거룩한 척 성전에 와서 제물을 드리는 자들을 보고 분노를 터뜨린다.

"너희의 순례절이 싫어 나는 얼굴을 돌린다.

축제 때마다 바치는 분향제 냄새가 역겹구나.

너희가 바치는 번제물과 곡식제물이 나는 조금도 달갑지 않다.

친교제물로 바치는 살진 제물은 보기도 싫다. 거들떠보기도 싫다.

그 시끄러운 노랫소리를 집어치워라.

거문고 가락도 귀찮다.

다만 정의를 강물처럼 흐르게 하여라.

서로 위하는 마음 개울같이 넘쳐 흐르게 하여라"(암 5:21-24)

그는 이스라엘 백성들이 어떻게 망할 것인지를 실감나게 말한다.

"보아라, 내가 너희를

무거운 짐을 싣고 뭉그적거리는 송아지 꼴로 만들리라.

아무리 걸음이 빨라도 달아나지 못하고

아무리 힘이 세어도 그 힘을 써 보지 못하고

아무리 장사라도 목숨을 건지지 못하리라.

아무리 활 잘 쏘는 군인이라도 별 수 없고

아무리 발이 빨라도 살아날 길 없고

아무리 말을 잘 타도 목숨을 건지지 못하리라."(암 2:13-15)

"하느님이 설마 우리에게 재앙을 내리시겠느냐? 우리를 고생시키지는 않는다."라는 특권을 생각하는 무리들을 향하여 아모스는 이렇게 말한다.

"이스라엘 백성들아,

너희가 나에게 있어

에디오피아 백성과 무엇이 다르냐?-야훼의 말씀이시다.

이스라엘을 에집트에서 이끌어 낸 것이 나라면,

불레셋 백성을 갑돌에서 데려 내 오고

시리아 백성을 키르에서 데려 내 온 것도 내가 아니겠느냐?

보아라, 어느 나라건 죄를 짓고,

내 눈에서 벗어날 것 같으냐?

그 나라는 땅 위에서 멸망하고야 만다."(암 9:7-8)

이렇게 아모스는 절기마다 야훼께 제사를 드리면서 다른 한편으론 못할 짓들을 다 하는 이스라엘은 망하고 말 것이라는 야훼의 엄한 심판을 선포했다. 동시에 야훼 하느님은 이스라엘뿐만 아니라 그 밖의 모든 나라들을 꼭 같이 다루신다는 것을 강조한다. 바벨탑의 악령이 진동하는 곳에는 언제나 하느님의 심판이 떨어진다는 것이다.

"그러나 야곱의 집안을 모두 다 멸하지는 않겠다." 등 9장 8절 이하의 소망의 말들은 다 후대에 부가한 것이다. 이 엄한 아모스의 예언이 예루살렘의 이사야에게 크게 영향을 미쳤다고 학자들은 본다.

3. 호세아(주전 732-722)

호세아가 태어난 시대는 일대 혼란에 휩싸여 있었다. 여로보암 2세 치하에서는(BC 782-753) 나라가 부를 누리고 있었으나 그 부가 통치자

주변의 귀족들과 종교 지도자들에게 집중되어 수많은 농민들은 도탄에 빠져 있었다. 그러다가 여로보암 2세의 아들 스가랴가 살룸에게, 살룸이 므나헴에게 암살을 당하게 되면서(BC 745) 이스라엘 역사는 일대 혼란에 빠지게 되었다. 바로 그때 야심에 찬 아시리아의 디글랏빌레셀Tiglath-pileser이 등극하면서 므나헴은 곧 아시리아에 조공하면서 추파를 던진다. 동시에 애굽과 손을 잡고 반아시리아의 흉계를 꾸몄다. 그러다가 그가 죽고 그의 아들 브가히야Pekahia가 즉위하자 르말리야Remaliah의 아들 베가는 므나헴의 정책에 항거하는 무리들을 이끌고 브가히야를 죽이고 왕위에 오른다.(BC 737) 그리고 시리아와 손을 잡고 반 아시리아 동맹을 구축하려고 한다. 동시에 유대 나라 히스기야 왕에게 이에 동참하기를 요청했으나 유대는 오히려 아시리아에 아첨을 함으로 이스라엘과 싸움을 하게 된다. 그렇게 되자 BC 733년에 디글랏빌레셀의 침공을 받아 수많은 이스라엘 백성들이 아시리아로 포로가 되어 끌려갔다. 이렇게 되자 호세아 왕이 브가히야를 암살하고 아시리아의 속국인 이스라엘의 왕이 된다. 이런 와중에 백성들은 바알 신은 물론 아시리아의 여러 신들까지를 모시게 된다. 힘을 숭상하는 임금을 모신 왕조가 야훼의 지시를 따를 수 없다는 것이 너무나 명확히 드러난다. 이와 같은 처참한 사태를 보면서 호세아는 피를 토하는 심정으로 예언을 했다.

호세아서 1장에서 3장까지에서 하느님과 이스라엘과의 관계를 호세아 자신의 불행한 결혼 생활로 묘사한다. 호세아는 야훼의 명령대로 바람기가 있는 고멜과 결혼을 한다. 그 후 고멜은 아들 셋을 낳고 그 자식들의 이름을 야훼가 그들에게 주신대로 명명한다. 그 첫째의 이름은 '이스르엘'이라고 부른다. 예후 왕이 이즈르엘에서 죄 없는 사람을 죽인 것처럼 이스라엘을 멸할 것이라는 것이다. 둘째로 딸을 낳자 그 이름을 '로루하마'라고 부른다. 다시는 이스라엘 백성을 불쌍히 여기시지 않겠다는 것이다. 세 번째로 아들을 낳자 그 이름을 로암미라고 부른다. '너희는 내 백성이 아니고 나는 너희의 하느님이 아니다.'라는 것이다. 그 뜻은 앞으로 겪을 이스라엘의 운명을 예시하는 것들이다. 이렇게 자식을 셋씩이나 낳은 고멜은 남편을 버리고 바알 신전의 창녀가 된다. 이스라엘 백성들이 다시 바벨탑의 여신을 섬긴다는 것이다.

이렇게 되면서 호세아는 입을 열어 이스라엘의 죄상을 열거하면서 하느님의 심판을 선포한다. 그는 목청을 높여서 외도하는 고멜이스라엘을 고발한다.

"너희 어미를 고발하여라.
너희 어미는 이미 내 아내가 아니다.
나는 너희 어미의 지아비가 아니다.
그 얼굴에서 색욕을 지워 버리고
그 젖가슴에서 정부를 떼어 버리라고 하여라.
그렇지 아니하면 세상에 태어나던 날처럼 알몸을 만들어
허허벌판에 내던져 메마른 땅을 헤매다가
목이 타 죽게 하리라."(호 2:4-5)

그들을 애굽에서 구출한 야훼를 버리고 이방 신들을 섬기면서 악랄한 악행을 일삼는 이스라엘을 향한 야훼의 엄중한 심판이다.

그러나 호세아는 이렇게 말을 끝맺지 못한다. 이스라엘을 향한 야훼의 사랑은 아직도 식지 않은 것이다.

"그러나 이제 나는 그를 꾀어 내어

빈들로 나가 사랑을 속삭여 주리라.

거기에 포도원을 마련해 주고

아골 골짜기를 희망의 문으로 바꾸어 주리라.

그제야 내 사랑이 그 마음에 메아리치리라.

에집트에서 나오던 때, 한창 피어나던 시절같이.

그 날이 오면,

너는 나를 주인이라 부르지 아니하고,

낭군이라고 부르리라.-야훼의 말씀이시다.

바알이란 말을 그의 입에서 씻어 버려

다시는 그 이름을 부르지 못하게 하리라.

그 날 나는 이스라엘을 해치지 못하도록

들짐승과 공중의 새와 밭의 해충에게 다짐을 받고

활이나 칼 같은 무기를 이 땅에서 부수어,

이스라엘이 다리 뻗고 자게 하리라.

너와 나는 약혼한 사이.

우리 사이는 영원히 변할 수 없다.

나의 약혼 선물은 정의와 공평, 한결같은 사랑과 뜨거운 애정이다.

진실도 나의 약혼 선물이다.

이것을 받고 나 야훼의 마음을 알아 다오."(호 2:16-22)

이런 야훼의 심정을 읽은 호세아는 야훼의 명에 따라 은 열다섯 세겔과 보리 한 호멜 반을 가지고 가서 그 여인을 사 집으로 데려온다. 그러나 그는 고멜과 곧 한자리에 들지 않는다. 그는 고멜을 준비된 자리에 별거하게 하면서 "당신은 나의 아내니 다른 남자와 어울려 불의한 관계를 맺지 말고 들어앉아 있으시오. 그렇게 오래 지낸 뒤에야 당신과 한자리에 들리다."(호 3:3)라고 말한다. 이것이 야훼의 이스라엘을 향한 심정이다. 그들이 앞으로 고생을 통해서 그들의 죄를 깨닫고 깨끗해진 뒤 다시 불러 모아 그의 약혼자로 사랑해주겠다는 것이다. 이와 같은 예언은 앞으로 하느님의 뜻을 따르는 위대한 왕이 나타나 새 내일을 창출할 것이라고 하는 남방 예언자들의 생각과는 완전히 다르다.

그리고 4장부터 호세아는 미친 듯이 바알을 섬기면서 시내 산에서 야훼와 맺은 계약을 어기고 갖가지 못된 짓을 하는 것에 대한 야훼의 울분의 심정을 토한다. 계약의 첫째가 그들을 애굽에서 건져낸 야훼 하느님 외에 결단코 다른 신을 섬기지 않기로 하는 것이었다. 다른 신들이란 다 강자들의 신으로 그들을 섬긴다는 것은 힘과 권세를 자기들의 탐욕을 위해서 사용하기 때문이다. 따라서 바알을 섬기는 저들은 탐욕에 사로잡혀서 자기 배만 채우고 과부, 고아, 떠돌이 등 약자들의 권익은 완전히 짓밟아 버렸다. 종교 지도자들이라고 해서 다를 것이 없었다.

호세아는 물질적인 풍요로움 속에서 미친 듯이 죄를 짓는 무리들을
향해서 외친다.

"이스라엘은 무성한 포도덩굴,

열매를 많이 맺기는 했으나,

열매가 많을수록 제단만 늘어 갔다.

나라가 번영할수록 석상만 화려해졌다.

변덕이 죽끓듯 하더니,

이제 그 죄를 받게 되었다.

하느님께서는 그 제단을 허시고

석상들을 부수시리라.

'우리는 야훼 두려운 줄도 모르다가

임금도 못 모시게 되었다' 하며 한탄할 날이 곧 오리라."(10:1-3)

여로보암 2세 밑에서 번영을 누리면서도 야훼의 뜻을 따르지 않고
곁길로 나가는 것을 한탄한 것이다. 그리고 무엇보다 야훼를 섬긴다는
사제와 예언자들을 질책한다. 백성들이 다 사제처럼 되기 때문이
다.(4:4) 그는 이렇게 외친다.

"그 자랑스런 직책을 부끄럽게도 밥벌이로 만드는 것들,

내 백성의 허물 덕분에 먹고 살며

내 백성이 짓는 죄에 침을 삼킨다.

백성은 사제를 닮게 마련,
그래서 나는 사제들을 그 행실을 따라 벌하고
그 행위를 따라 갚으리라."(호 4:7하-9)

그리고 그는 딸들, 며느리까지 상수리나무, 버드나무, 느티나무 밑
에서 제물을 잡아 바치면서 그 자리에서 음란을 피우는데도 그 지아비
들이 이를 탓하지 못한다는 것이다. 사내들 자신이 성소에서 창녀들을
찾고 제물을 드리면서 으슥한 데를 찾기 때문이다.(호 4:11-14 요약)
호세아는 이 모든 악의 근원을 통치자들과 종교 지도자들의 책임으
로 돌린다.

"사제들아, 이 말을 들어라.
예언자들아, 똑똑히 들어라.
왕족들아, 귀를 기울여라.
법을 세워야 할 너희가
미스바에 놓은 덫이요,
다볼에 친 그물이요,
시뗌에 판 깊은 함정이 되었다.
그래서 내가 너희를 한데 몰아 벌하리라."(호 5:1-2)
"그러므로 나는 이 백성에게 사자처럼 대하고
표범처럼 길목에서 노리며
새끼 빼앗긴 곰같이 달려들어

가슴을 찢어 주리라……"(호 13:7-8)

그러나 야훼는 이스라엘을 버리시지 못한다. 그는 이렇게 한탄을 하
신다.

"내 아들 이스라엘이 어렸을 때, 너무 사랑스러워,

나는 에집트에서 불러 내었다.

……

걸음마를 가르쳐 주고

팔에 안아 키워 주고

죽을 것을 살려 주었지만,

에브라임은 나를 몰라 본다.

인정으로 매어 끌어 주고 사랑으로 묶어 이끌고,

젖먹이처럼 들어 올려 볼에 비비기도 하며

허리를 굽혀 입에 먹을 것을 넣어 주었지만,

에브라임은 나를 몰라 본다."(호 11:1-4)

이렇게 한탄하시는 야훼 하느님은 호세아가 은 열다섯 세겔과 보리
한 호멜 반을 가지고 가서 고멜을 다시 구출했던 것처럼 이스라엘을 위
해서 이렇게 말하신다.

"에브라임아, 내가 어찌 너를 버리겠느냐.

이스라엘아, 내가 어찌 너를 남에게 내어 주겠느냐.

내가 어찌 너를 아드마처럼 만들며,

내가 어찌 너를 스보임처럼 만들겠느냐.

나는 마음을 고쳐 먹었다.

네가 너무 불쌍해서 간장이 녹는구나.

아무리 노여운들 내가 다시 분을 터뜨리겠느냐.

에브라임을 다시 멸하겠느냐.

나는 사람이 아니고 신이다.

나는 거룩한 신으로 너희 가운데 와 있지만,

너희를 멸하러 온 것은 아니다.

이 백성은 사자처럼 소리치는 나의 뒤를 따라 오리라.

내가 소리치면, 내 자손은 서쪽에서 달려 오리라.

에집트에서 참새떼처럼 날아 오고

아시리아에서 비둘기처럼 날아 오면

내가 내 백성을 저희 집에 살게 하리라."(호 11:8-11)

야훼 하느님은 사랑의 신이시기에 이스라엘 백성들이 죄 때문에 동서남북으로 흩어져서 다시 떠돌이가 될 것이나 그 고생을 통해서 깨닫고 새로운 마음으로 돌아오면 다시 사랑으로 껴안아 그들의 땅에서 살게 할 것이라는 것이다. 마치 고멜이 별거해서 깨끗해진 뒤에 호세아와 더불어 새롭게 사는 것과도 같이.

이와 같은 깨달음은 이스라엘 백성들이 애굽에서 오랫동안 고생하

는 과정을 통해서 바벨탑의 악을 명확히 보게 되고 하느님의 뜻을 깨
달아 새 내일을 창출했던 경험의 집단적인 무의식이 있었기 때문에 가
능하였다. 그들이 다시 고생을 통해서 깨닫고 돌아서면 하느님은 다시
품에 안아주실 것이라고 믿게 된 것이다.

호세아의 마지막 다짐하는 말이 이것을 깨우쳐준다.

"지혜가 있거든, 이 일을 깨달아라.

슬기가 있거든, 이 뜻을 알아라.

야훼께서 보여 주신 길은 곧은 길,

죄인은 그 길에서 걸려 넘어지지만

죄없는 사람은 그 길을 따라 가리라."(호 14:10)

참된 지혜, 참된 슬기는 바로라고 하는 힘센 자, 탐욕에 사로잡혀 악
의 제도를 창출하는자가 아니라 고생을 통해서 무엇이 악인지를 명확
히 보고 이에 단을 하고 야훼 하느님이 지시하는 곧은 길로 가는 자다.

4. 예레미야(주전 626-586)

예레미야는 남방국 유대 나라가 망하게 되었을 때 활약을 한 예언자
이기는 하나 그의 뿌리는 북쪽 베냐민 지파 아나돗의 사제에게로 올라
간다. 그리고 아비아달을 거쳐 엘리에게까지 올라간다. 그러기에 그는
심정적으로 호세아와 통한다고 여러 학자들은 말한다.[28] 그는 요시야
왕이 종교개혁을 할 시절에 부름을 받았으나 그가 활약한 것은 유대 나

라가 바빌론에 삼킴을 당하게 되었던 여호야김, 여호야긴, 그리고 시드기야 왕 시절이다. 이런 전통을 이어받은 어린 예레미야가 북쪽의 아시리아가 뒤뚱거리고 바빌론이 기세를 올리는 전환기에 하느님에게 부르심을 받았다.

> "네가 세상에 떨어지기 전에 나는 너를
>
> 만방에 내 말을 전할 나의 예언자로 삼았다."(렘 1:5)

열강 중에 일엽편주와도 같은 작은 나라의 한 어린이를 야훼는 만방을 위한 예언자로 삼았다는 것이다. 일찍이 엘리야에게 알리셨던 대로 야훼는 이제 예레미야를 통해서 만방에 그의 뜻을 알리시겠다는 것이다. 그리고 실제로 그는 유대 나라 주변에 있는 여러 나라들이 자행하는 악한 일들을 고발하면서 그들에게 내릴 하느님의 심판을 외쳤다.(렘 46-50)

사실 그는 요시야 왕이 종교개혁을 했을 때 큰 기대를 가지고 이를 주시했다. 특히 요시야 왕이 왕위에 오른 것이 정의로운 새날을 바라는 농민들의 혁명으로 이룩된 것이기에 정의롭게 다스려 줄 것을 기대했다. 그리고 그가 성전을 수축하다가 모세의 율법 책을 발견하고 일대 종교개혁을 단행하는 것을 보면서 출애굽 정신에 따라 과부, 고아, 떠돌이들이 안심하고 사는 세상이 오기를 기대했다.

28 Walter Brueggemann: op.cit. pp.177-78

그러나 예레미야는 곧 실망을 한다. 요시야 왕이 원하는 것은 출애굽 정신을 실현하려는 것이 아니라 다윗 왕조의 영광을 재현하려는 것이었기 때문이다. 예루살렘에 법궤를 모시고 이에 정성껏 제사를 드림으로 야훼의 가호를 받은 다윗 왕의 뒤를 따르려는 것이었다. 그러나 야훼께 제사를 드리면서 왕과 제사장, 그리고 그 주변에 있는 지도층들이 자기 배만 채우지 않았던가. 모두 바벨탑의 악령에 사로잡히고 만 것이 아닌가? 그래서 아모스나 호세아가 야훼 하느님의 엄중한 심판을 선언했고 그대로 이스라엘은 망하고 만 것이다. 유대 나라의 이사야나 미가 선지도 그릇된 성전 예배나 강조하면서 과부, 고아, 떠돌이들을 짓밟는 지배층의 죄를 고발하면서 하느님의 심판을 선포하지 않았던가. 그런데 요시야 왕은 여전히 다윗 왕의 뒤를 따르려는 것이다. 백성들 역시 임금과 마찬가지로 타락해 있었다. 예레미야가 성전 문을 막고 외친 음성이 바로 이것을 말한다.

"나 만군의 야훼가 이스라엘의 하느님으로서 말한다.…… 이것은 야훼의 성전이다, 야훼의 성전이다, 야훼의 성전이다 한다마는 그런 빈말을 믿어 안심하지 말고 너희의 생활태도를 깨끗이 고쳐라. 너희 사이에 억울한 일이 없도록 하여라. 유랑인과 고아와 과부를 억누르지 말라. 이 곳에서 죄없는 사람을 죽여 피를 흘리지 말라.…… 너희는 훔치고 죽이고 간음하고 위증하고 바알에게 분향하고 있다.…… 그리고 나의 이름으로 불리는 이 성전으로 찾아 와 나의 앞에 나서서 살려 주셔서 고맙다고 하고는 또 갖가지 역겨운 짓을 그대로 하고 있으니, 나의 이름으로 불리는 이 집이 너희 눈에는 도둑의 소굴로 보이느냐?"
(렘 7:3-11)

이렇게 말하는 그의 심정은 찢어지는 것과도 같았다.

"내 머리가 우물이라면,
내 눈이 눈물의 샘이라면,
밤낮으로 울 수 있으련만,
내 딸 내 백성의 죽음을 곡할 수 있으련만."(렘 8:23)

왜 그렇게도 마음이 아팠는가? 그것은 그들을 애굽의 종살이에서
구출해낸 야훼의 심정을 알기 때문이다. 그들이 바로 왕처럼, 다윗 왕
처럼 자신들의 영광을 위하여 바벨탑을 쌓으려고 하기 때문이다. 그래
서 그는 이렇게 눈물겨운 음성으로 야훼의 심정을 읊는다.

"나 야훼가 하는 말이다.
씨 뿌리지 못하는 땅 사막에서
나를 따르던 시절,
젊은 날의 네 순정,
약혼시절의 네 사랑을 잊을 수 없구나.
이스라엘은 나에게 깨끗이 몸바쳤었지.
소출 가운데서도 맏물이라"(렘 2:2-3a)

그랬던 이스라엘이 야훼를 떠나 각가지 못할 짓만을 한다. 무엇보다도 야훼의 심정을 아프게 하는 것은 이방 신들을 섬기는 것이다.

"너는 일찍부터 고삐를 끊고 날뛰는
굴레 벗은 말이었다.
나를 섬길 생각이 없어
높은 언덕 무성한 나무 밑 어디에서나 뒹굴며 놀아났다.
특종 포도나무를 진종으로 골라 심었는데
너는 품질이 나쁜 잡종으로 변하였구나.
비누로 몸을 씻어 보아라.
잿물로 몸을 닦아 보아라.
너의 더러운 죄가 내 앞에서 사라질 것 같으냐?"(렘 2:20-22)

"그러다가는 신발이 다 해질라, 목이 다 탈라, 일러 주었건만
한다는 소리가,
'다 버린 몸 말리지 마셔요. 나는 외간 남자들이 좋아요.
외간 남자들을 따라 가겠어요.'
도둑이 들키면 창피를 당하듯이,
이스라엘 문중아, 너희도 창피를 당하리라."(렘 2:25-26a)

그러면서 하는 짓이란

"새잡이 그물을 치듯이,
올가미를 놓아 사람을 잡고 있다.
새장에 새를 가득히 채우듯이
남을 속여 약탈해 온 재산을 제 집에 채워
벼락부자가 되고 세력을 휘두른다.
피둥피둥 개기름이 도는 것들,
못하는 짓이 없구나.
남의 권리 같은 것은 아랑곳 없다는 듯
고아의 인권을 짓밟고
빈민들의 송사를 공정하게 재판해 주지도 않는다."(렘 5:26-28)

특히 그는 나라의 지도자들을 향해서 분노를 터뜨린다.

"사제라는 것들은 '야훼께서 어디에 계시냐?'고 찾지도 않았다.
법 전문가라는 것들은 나의 뜻은 알려고도 하지 않았다.
백성의 목자라는 것들은 나를 거역하기만 하였다.
예언자라는 것들은 바알의 말이나 전하며
아무 데에도 쓸모없는 것들만 따라 다녔다."(렘 2:8)

예레미야를 가장 분노케 한 것은 이렇게 외도를 하면서도 다급한 일
이 있으면 야훼의 이름으로 불리는 전에 와서 제사를 드리고는 야훼가
지켜주실 것이라고 하는 행태다. 그들은 야훼를 그들의 수호신으로 알

아 급한 일이 있을 때 제사를 드리면서 호소하기만 하면 도와주실 것이라고 믿고 있는 것이다. 그래서 성전에 제물을 드리러 오는 자들에게 "나의 이름으로 불리는 이 성전이 너희에게는 강도의 굴혈로 보이느냐?"고 호통을 친 것이다.

이것들이 그는 사제나 예언자들의 속임수 때문이라고 보고 분노한다.

"예언자, 사제 할 것 없이 속임수밖에 모르는 것들,
내 딸, 내 백성의 상처를 건성으로 치료해 주면서
'괜찮다, 괜찮다' 하지만 어디가 괜찮으냐!
그렇듯이 역겨운 짓을 하면서 부끄러운 줄도 모르는,
얼굴에 쇠가죽을 쓴 것들,
창피한 줄이나 알면 괜찮지!
모두들 무더기로 쓰러져 죽으리라.
내가 혼내 주러 오는 날
모두들 비틀거리다가 쓰러지리라."(렘 8:10-12)

이렇게 분노한 그는 야훼의 명대로 오지그릇을 가지고 백성을 대표하는 장로 몇 사람과 사제 몇 사람을 데리고 힌놈 골짜기로 가서 오지그릇을 깨면서 외쳤다. 그들이 이 골짜기에서 바알에게 그들의 자식들을 잡아 불에 살라 번제로 바치는 등 악랄한 죄를 범한 것을 지적하였다. 그러면서 먼저 이 자리에서 백성들이 달려드는 외적에게 맞아 비참하게 쓰러지게 될 것이라는 야훼의 심판의 말을 외쳤다. 그리고 예루살

렘도 이곳처럼 비참하게 망할 것이라고 선언을 했다.(렘 19장 요약)

요시야의 아들 시드기야가 왕위에 있을 때 에돔 왕, 모압 왕, 암몬 왕, 띠로 왕, 시돈 왕 들이 보낸 사절들이 시드기야에게 와서 더불어 바빌론에 대항하려고 협의를 하였다. 그 자리에서 예레미야는 야훼 하느님의 지시대로 나무로 만든 멍에를 어깨에 메고 그들에게 가서 야훼의 말씀을 외쳤다. 땅과 그 안에 있는 만물을 만드신 야훼 하느님이 온 천하를 바빌론에게 맡기기로 했으니 "모두 바빌론 왕 느브갓네살과 그 아들, 손자 대까지 섬겨야 한다."라고 선언을 했다.(렘 27장)

여호야긴 왕과 내시들과 고관들과 그 밖에 여러 가지 기술자들이 바빌론으로 포로가 되어 붙잡혀간 뒤(BC 594) 그곳에 간 유대인들이 고국에 귀환할 것을 기대하고 있었다. 그러자 예레미야는 그들에게 편지를 썼다. 돌아올 생각을 하지 말라고. 아들딸들을 결혼시키고 오래 살 생각을 하라고. 이방 땅에서 오래 살면서 인구가 불어나야 한다고. 거기에서 70년을 산 뒤에 다시 고향으로 데려올 것이라고. 그것이 하느님의 뜻이라고 말이다.(29:1-15) 결국 여호야킴, 여호야킨 왕을 거쳐 시드기야 왕 때에 와서는 예루살렘 성전까지 완전히 폐허가 되고 백성들은 밑바닥 천민만을 남겨두고 다 바빌론에 붙잡혀 갔다.

그러나 예레미야는 이스라엘 백성들에게 아무 소망도 없는 것은 아니라는 것을 알았다. 야훼 하느님은 뜻이 있으시어 애굽에서 종노릇을 하는 떠돌이들을 구출하셨다. 그 하느님은 다시 이 백성을 구출을 하실 것이다. 애굽의 히브리인들처럼 그들도 고난을 통해서 그들이 행한 죄악을 명확히 보고 회개하고 새 내일을 간절히 바랄 때 그들에게 새 마음을 주실 것이라고 그는 믿었다. 그리고 그 새 마음에 새 계약을 새겨 주어 모두가 야훼의 심정을 환히 알게 될 것이라고 믿은 것이다.

"앞으로 내가 이스라엘과 유다의 가문과 새 계약을 맺을 날이 온다. 나 야훼가 분명히 말한다. 이 새 계약은 그 백성의 조상들의 손을 잡아 이집트에서 데려 내오던 때에 지은 것과는 같지 않다. 나는 그들을 내 것으로 삼았지만 그들은 나와 맺은 계약을 깨트리고 말았다. 귀담아 들어라. 그날 내가 이스라엘 가문과 맺을 계약이란 그들의 가슴에 새겨 줄 내 법을 말한다. 분명히 말해둔다. 그 마음에 내 법을 새겨 주어 나는 그들의 하느님이 되고 그들은 내 백성이 될 것이다. 내가 그들의 잘못을 다시는 기억하지 아니하고 그 죄를 용서하여 주리니 다시는 이웃이나 동기끼리 깨우쳐주면서 야훼의 심정을 알아드리자고 하지 않아도 될 것이며, 높은 사람이나 낮은 사람이나 내 마음을 모르는 사람이 없으리라. 이는 내 말이라 어김이 없다."(렘 31:1-34 요약)

그들이 그 쓰라린 고난을 통하여 악을 명확히 보고 마음의 변화가 생겨 악과는 단절을 하고 생명의 소중한 것을 밝히 알아 하느님이 원하시는 길을 가게 된다는 것이다. 그러기에 아무도 그들을 깨우칠 필요가 없을 것이란다. 새 내일은 고난을 통한 그들의 깨달음으로 올 것이지 다윗의 후예에서 온다는 메시아로 말미암을 것이 아니라는 것이다.

그러나 예레미야는 바빌론에 가지 않고 남아 있는 천민들과 같이 그대로 유대 땅에 머문다. 바빌론의 느부갓네살 왕은 유대 땅에 사반의 손자 게달리아를 총독으로 임명하였다. 예레미야는 고아처럼 방치된 잔존민들 사이에서 새 내일이 이룩될 것이라고 믿고 그들과 더불어 살려고 한 것으로 보인다. 그러나 게달리아는 암살을 당하고 예레미야는 애굽으로 끌려갔다. 예레미야가 꿈꾸었던 새 내일은 숙제로 남고 말았다.

5. 에스겔(주전 616-560)

주전 586년 예루살렘이 바빌론 느부갓네살 왕의 침략으로 함락되었을 때 여호야킨 왕을 비롯한 사제들, 장로들, 예언자 및 갖가지 기술자들이 붙잡혀 갔는데 이때 에스겔도 함께 붙잡혀 갔다. 그가 야훼의 부름을 받아 멸망의 길로 치닫는 유대 백성들에게 본격적으로 예언을 한 곳은 바빌론인 것으로 보인다.

그는 본래 예레미야의 영향을 많이 받았을 뿐만 아니라 출애굽 전통을 이어 받은 자로 이스라엘 백성들이 야훼와 맺은 계약을 지키지 않는 것에 대하여 몹시 가슴 아파했었다. 예루살렘이 그 쌓이고 쌓인 죄 때문에 망하게 되는 전환기에 야훼 하느님이 그를 불러서 분노에 찬 야훼의 심판을 전했다.

에스겔도 호세아나 예레미야와 같이 야훼 하느님이 이스라엘 백성을 얼마나 사랑하고 아끼셨는가를 강조한다.

"나는 지나가다가 네가 꽃다운 나이가 된 것을 보고 내 겉옷자락을 펴서 너의 맨몸을 감싸주었다. 나는 맹세하고 저와 약혼한 사이가 되었다…… 나는 너를 목욕시키고 너에게 묻은 피를 닦아주고 기름을 발라주었다. 수놓은 옷을 입혀주고 가죽으로 만든 신을 신겨주었다……
너는 점점 아름다워져 마침내 왕비의 자리에까지 올랐다. 내가 너에게
입혀준 영화는 한 점 티 없이 아름다워 네 명칭은 만방에 떨쳤었다. 그
런데 너는 네 아름다움을 믿고 명성을 미끼로 삼아 몸을 팔았다. 지나
가는 아무에게나 네 몸을 맡겨 마구 놀아났다. 네 옷을 산당 언덕에 색
색으로 펴놓고 그 위에서 몸을 팔았다…… 또 네가 나에게 낳아준 아
들딸마저 끌어다가 그 형상들에게 제물로 잡아 바쳤다. 그러니 두고
보아라. 네가 미워하는 모든 원수들뿐만이 아니라 네가 사랑하였던 모
든 정부들을 한데 모아놓고 그들 앞에서 너를 벌거벗겨 알몸을 드러내
보이리라."(에스겔 16장 요약)

에스겔서 4장에서 24장까지에는 유대 나라 백성들의 죄상으로 말미
암아 분노하시는 야훼 하느님의 분노의 음성으로 가득 차 있다. 특히
10장에서 보면 에스겔이 영의 이끄심에 의하여 예루살렘에 가서 예루
살렘 도성과 성전 안에서 일어나는 갖가지 악을 목격한다. 그리고 분
노에 찬 야훼의 영이 성전을 떠나는 삼엄한 장면을 떨리는 심정으로 폭
로한다.

이렇게 에스겔을 통해서 폭포수처럼 퍼붓는 심판의 목소리를 듣는
바빌론에 잡혀온 유대인들의 귀에는 에스겔의 예언이 달갑지 않았다.
특히 그들이 소중하게 여기는 성전에서 야훼의 영이 떠났다는 말이야
말로 분노를 자아내게 했다. 그 까닭은 저들은 멀지 않은 앞날에 예루
살렘으로 돌아갈 것이라고 기대하고 있었기 때문이다. 그들을 바빌론

으로 데리고 온 느부갓네살 왕은 유대인들을 비교적 관대하게 대해 주었다. 그리고 예루살렘을 여호야긴 대신 시드기야에게 맡겨서 다스리게 하고 성전도 그대로 존치하게 하였기 때문이다. 그리고 그들 중 능력이 있는 인물들을 바빌론의 요직에 등용하기도 했다. 그런데 예루살렘에 남은 예레미야도 돌아올 생각을 하지 말라고 편지를 보내오고, 에스겔도 야훼 하느님이 성전을 떠났고 얼마 아니하여 성전도 파괴되고 말 것이라고 하니 유대인들이 좋게 생각할 리가 없었다.

그뿐만이 아니다. 에스겔은 예레미야와 마찬가지로 암몬, 모압, 에돔, 블레셋, 띠로, 시돈, 에집트 등 주변 나라를 향해서도 하느님이 내리실 엄한 심판을 선포했다. 그들이 떠돌이가 된 이스라엘 백성들을 학대할 뿐 아니라 그들 역시 탐욕과 폭행으로 야훼의 분노를 불러일으키기 때문이다. 그들도 자신들의 바벨탑을 쌓았기 때문이다.

그러나 예루살렘 성전이 파괴되자 에스겔의 메시지는 일변했다. 그들이 떠돌이가 되어 방황하면서 살 동안 야훼 하느님이 그들의 성소가 될 것이라고 한다.(겔 11:16) 그리고 고생을 통하여 "우상을 역겹게 생각하게 될 것이다. 그러면 야훼는 그들의 마음을 바꾸어 새 마음이 일도록 해 주리라."고 한다.(겔 12:17-20 요약)

이렇게 말하시는 야훼는 그가 어떻게 이스라엘 백성들을 애굽에서 구출했는지를 회상시키시면서 그들이 야훼의 뜻에서 멀어졌어도 야훼 자신의 이름을 위하여 그들을 가나안 복지에 인도하셨다고 하셨다. 그러면서 자신과 이스라엘과의 관계를 서로 잊을 수 없는 남편과 아내의 관계로 비유한다.(겔 20장) 하느님은 마침내 에스겔의 입을 통하여 자신의 깊은 뜻을 밝힌다. 이스라엘 백성들이 자기들의 죄 때문에 세계 방방곡곡에 떠돌이가 되어 돌아다니면서 야훼의 이름을 욕되게 하였지만, 이제 야훼 하느님은 자신의 이름을 다시 빛나게 하기 위해 손을 뻗어 행동을 하실 것이라는 것이다.

"내가 너희를 뭇 민족 가운데서 데려 내 오고 모든 나라에서 모아 고국으로 데려다가 정화수를 끼얹어 너희의 모든 부정을 깨끗이 씻어 주리라. 온갖 우상을 섬기는 중에 묻었던 때를 깨끗이 씻어 주고 새 마음을 넣어 주며 새 기운을 불어 넣어 주리라. 너희 몸에서 돌처럼 굳은 마음을 도려 내고 살처럼 부드러운 마음을 넣어 주리라. 나의 기운을 너희 속에 넣어 주리니, 그리 되면 너희는 내가 세워준 규정을 따라 살 수 있고 나에게서 받은 법도를 실천할 수 있게 되리라. 너희는 내가 너희 조상들에게 준 땅에서 살면서 나의 백성이 될 것이요 나는 너희의 하느님이 될 것이다."(겔 37:24-28)

이렇게 출애굽 전통을 이어받은 그의 메시지 역시 다윗 전통이 주장하는 메시아사상과는 완전히 다르다. 새 내일은 고난을 통해서 깨닫고 돌아온 떠돌이들을 통해서 이룩된다는 것이다. 여기에서 주시해야 하는 것은 고생을 통해서 그들의 마음에 새로운 변화가 있을 것이라는 것이다. 그들의 부정을 깨끗이 씻어주고 새 마음과 새 기운을 불어넣어 주시겠다는 것이다. 그 기운이란 아담을 창조하셨을 때 불어넣었던 생명을 창조하셨던 하느님의 영이기도 하다. 그렇게 해서 자기만 생각하는 돌 같은 마음을 도려내고 서로 위하고 아끼는 살 같은 마음을 넣어 줄 것이라는 것이다. 이렇게 마음의 변화가 오면 그들은 야훼의 뜻대로 살게 될 것이다. 이새의 뿌리에서 나오는 메시아를 통해서 새 내일이 온다는 예루살렘 전통과는 완전히 다르다. 마음의 변화가 없으면 아무리 위대한 지도자가 나온다고 해도, 혹은 아무리 상세한 율법을 만든다고 해도 아무 소용이 없다는 것이다.

사제인 그는 모두의 마음에 변화가 오면 다시 예루살렘 성전이 재건될 것이라고 생각했다. 물론 이 성전은 다윗 왕조가 강조한 성전과는 다르다. 다윗 왕조에서는 이 성전을 정치적인 목적으로 사용을 했었고 성전에 제사를 드리면 하느님이 자신들을 보호해주실 것이라는 그릇된 생각에 사로잡혀 있었다. 그러나 에스겔은 야훼의 뜻을 깨달아 과부, 고아, 떠돌이들을 도와주면서 정의와 평화의 공동체를 이룩한 뒤 성전에 와서 야훼 하느님 이름을 높이 찬양하는 축제를 드리라는 것이다. 그렇게 되면 출애굽 공동체처럼 야훼의 이름을 만방에 널리 알리는 것이 된다는 것이다.

그러나 이렇게 외친 예레미야나 에스겔은 고독한 예언자들이었다. 그들과 같이 역사의 흐름을 그 깊이에서 깨달은 자들이 별로 없었기 때문이다. 아직도 대부분의 백성들은 아집에 사로잡혀서 하느님의 뜻을 깨닫지 못하고 자기의 존명에만 급급했다. 집단적인 각과 단이 이루어지지 않았던 것이다. 그리고 다윗의 후예에서 메시아가 오면 다시 화려한 다윗 왕조를 회복할 것이라는 바벨탑 망상에 사로잡혀 있었다.

셋째 마당 정리

다윗 왕이 이룩한 바벨탑 전통에서 탈출한 북왕국 이스라엘에 출애 굽 전통이 되살아났다. 이 일에 앞장을 선 것은 엘리야다. 그는 야훼만 을 섬기는 예언자 운동에 앞장을 서서 바알신 숭배에 반기를 들고 일 어섰다. 엘리야는 이를 외적인 힘으로 할 것이 아니라 역사를 깊이 성 찰하면서 역사를 통하여 일하시는 하느님의 뜻을 받아들여야 한다고 믿었다. 동시에 야훼 하느님은 이스라엘 백성만의 하느님이 아니라 온 인류의 하느님이라는 것을 깨달았다. 따라서 선민사상이나 메시아 왕 국 운동이 끼어들 수 있는 여지가 없었다.

그의 뒤를 따른 아모스와 호세아는 출애굽 전통을 소중히 여기며 힘 으로 통치하는 주변 나라들의 죄를 폭로하면서 하느님의 심판이 있을 것임을 선포했다. 그리고 이스라엘 백성들에게는, 바알 신을 섬기고 야 훼에게 제사를 드리면서 탐욕에 사로잡혀서 약자들을 수탈하는 자들 에게 하느님의 심판이 내릴 것임을 엄하게 선포한다.

호세아는 출애굽 전통을 한층 더 깊이 이해한다. 그것은 이스라엘 백성들이 동서남북으로 흩어져서 고생을 할 터인데 고생을 통해서 그 들이 새로워지면 야훼 하느님은 다시 그들을 불러 사랑의 관계를 회복 시킬 것이라고 한다. 바람 난 그의 아내를 보수를 주고 도로 찾아와서 그녀가 깨끗해질 때까지 별거를 시킨다. 그녀가 깨끗해지면 다시 사랑해준다는 것이다.

이 북왕국의 출애굽 전통이 요시야 왕 때 부름을 받은 엘리야에게 계승이 된다. 그는 어렸을 때 온 인류를 위한 예언자로 부름을 받는다. 그는 요시야 왕의 종교개혁에 기대를 가져보나 그의 생각의 한계를 보고 유대 나라의 몰락을 예언한다. 바벨탑 환상에서 벗어날 수 없는 그들 악의 정체를 보았기 때문이다. 그래서 침략을 하는 바빌론에 항복하라고 권한다. 잡혀간 자들에게 돌아올 생각을 하지 말라고 편지를 쓴다. 그들이 동서남북으로 흩어져서 오랫동안 고생을 하면 마음의 변화가 생겨서 하느님의 뜻을 환히 깨닫게 된다고 생각했다. 이집트에서 고생하던 노예들이 마침내 그곳 바벨탑의 악을 집단적으로 깨닫고 새 내일을 맞이한 것처럼 말이다.

에스겔도 출애굽 전통을 소중히 여기면서 예레미야처럼 두루 흩어져서 오랜 동안 고생을 할 것이라고 예언을 한다. 그러면 그들에게 하느님의 영이 보슬비처럼 내릴 것이요 그들 마음에서 돌 같은 마음을 도려내고 살 같은 마음을 주어 하느님의 뜻을 환히 알게 된다고 선언을 한다. 고생을 통해서 마음의 변화가 일어나 하느님을 알게 됨은 출애굽 전통의 핵과도 같다.

제2 이사야의
환각

주전 586년에 바빌론 느부갓네살 왕에게 패배해 바빌론으로 잡혀간 이스라엘 백성들은 이집트에서처럼 노예 생활은 하지 않았다. 바빌론 유프라테스 강가에 집단적으로 모여 살았다. 그들의 심정이란 이루 더 말할 수가 없었음에 틀림이 없다. 야훼의 성전에 가서 절기마다 제사를 드리면서 야훼를 섬기면 그가 보호해주실 것이라고 믿었는데, 마르둑 신을 섬기는 무리들에게 포로가 되어 이국 만 리에 잡혀와 서러운 삶을 살게 되니 허무한 심정이었을 것이다. 특히, 많은 이들은 자기들이 정성껏 야훼에게 제사를 드렸는데 왜 이런 신세가 되었느냐고 반문했을 것이다. 바빌론 사람들이 그들보다 더 선한 것도 아닌데 왜 자기들만을 벌하시느냐고 불평하는 자들도 있었을 것이다. 심지어는 바빌론 사람들이 섬기는 마르둑 신이 야훼보다 더 강한 신이라고 착각을 하는 자들도 있었을 것이다. 그래서 야훼를 버리고 마르둑 신을 섬긴 자들도 있었음에 틀림이 없다. 다니엘서를 보면 바빌론 왕에게 발탁되어 그를 섬기게 된 유능한 자들 속에 그런 자들이 적지 않았다. 예루살렘에 총독으로 와서 성전 건축과 성곽 수축을 완성한 느헤미야는 왕의 잔을 드는 중직을 맡기도 했다. 물론 적지 않은 경건한 자들 중에는 자기들의 죄를 고백하면서 야훼 하느님의 건지심을 기다리는 자들도 있었다. 그들은 과거 그들의 잘못을 참회하면서 그들의 역사를 다시 손질하기도 했다. 그러나 다윗이 쌓아 올린 바벨탑에 대한 향수에 젖어 있었다.

제2 이사야의 환희에 찬 노래

이렇게 바빌론에서 20년간 쓰라린 떠돌이 생활을 하던 그들에게 기쁜 소식이 들려왔다. 인권을 존중하는 페르시아의 고레스왕이 나타나 주변 왕들을 제압하고 제국을 확장하면서 그가 정복하는 곳마다 그의 종교를 강요하는 것이 아니라 피정복자들에게 그들의 신을 섬기는 것을 허용하는 폭넓은 정책을 시행한 것이었다. 이 소식을 들은 제2 이사야라고 불리는 시인은 야훼께서 이스라엘에 새 내일을 주시는 것이라고 봤다. 감격에 찬 시를 써서 이스라엘 사람들이 사는 지역에 유포시켰다.

"'위로하여라. 나의 백성을 위로하여라.' 너희의 하느님께서 말씀하신다.

'예루살렘 시민에게 다정스레 일러라.

이제 복역기간이 끝났다고, 그만하면 벌을 받을 만큼 받았다고,
야훼의 손에서 죄벌을 곱절이나 받았다고 외쳐라.'
한 소리 있어 외친다.
'야훼께서 오신다.
사막에 길을 내어라.
우리의 하느님께서 오신다.
벌판에 큰 길을 훤히 닦아라.
모든 골짜기를 메우고, 산과 언덕을 깎아 내려라.
절벽은 평지를 만들고, 비탈진 산골길은 넓혀라.
야훼의 영광이 나타나리니
모든 사람이 그 영화를 뵈리라.'"(사 40:1-5)

그리고 예루살렘을 향해서도 외친다.

"너, 시온아.
높은 산에 올라 기쁜 소식을 전하여라.
너, 예루살렘아.
힘껏 외쳐 기쁜 소식을 전하여라.
두려워 말고 소리를 질러라.
유다의 모든 도시에 알려라.
너희의 하느님께서 저기 오신다.
주 야훼께서 저기 권능을 떨치시며 오신다.

팔을 휘둘러 정복하시고

승리하신 보람으로 찾은 백성을 데리고 오신다."(사 40:9-10)

　시인은 페르시아 왕 고레스를 하느님이 기름 부어 세우신 왕으로 본
것이다. 엄청난 힘으로 주변의 왕들을 물리치고 피정복자들에게 종교
자유를 허용한 것을 보아서 그렇게 확신을 했다. 그래서 이렇게 말한다.

"야훼께서 당신이 기름 부어 세우신

고레스에게 말씀하신다.

'내가 너의 오른손을 잡아 주어

만백성을 네 앞에 굴복시키고

제왕들을 무장해제시키리라.

네 앞에 성문을 활짝 열어 젖혀

다시는 닫히지 않게 하리라.

내가 너를 이끌고 앞장서서

……

너는 알리라, 내가 바로 야훼임을.

내가 바로 너를 지명하여 불러 낸

이스라엘의 하느님임을!

나의 종 야곱을 도우라고

내가 뽑아 세운 이스라엘을 도우라고

나는 너를 지명하여 불렀다.

나를 알지도 못하는 너에게 이 작위를 내렸다.'"(사 45:1-4)

그리고 그는 계속 외친다.

"내가 야훼다. 누가 또 있느냐?
나밖에 다른 신은 없다.
너는 비록 나를 몰랐지만
너를 무장시킨 것은 나다.
이는 나밖에 다른 신이 없음을
해뜨는 곳에서 해지는 곳에까지
알리려는 것이다."(사 45:5-6)[29]

이 시인은 아직도 야훼를 전투의 신으로 안다. 그는 다윗에게 기름을 부어 통일 왕국을 세우더니 이제 고레스에게 기름을 부어서 이스라엘을 해방시키려고 하신다고 믿었다. 실로 어처구니가 없는 생각이다. 하느님이 힘으로 그 나름의 바벨탑을 쌓은 고레스에게 기름을 부었다는 것이다.

이런 어처구니없는 생각을 한 시인은 야훼야말로 유일한 신이라는 착각을 가지게 했다. 그 까닭은 야훼만이 앞으로 있을 일을 미리 말하셨기 때문이라는 것이다. 그들의 죄악 때문에 유대 나라가 망할 것을

29　고레스를 야훼의 종으로 부른 장절들: 41:1-14, 24-25; 45:1-6, 48:12-15

이미 예언을 했고 오랜 떠돌이 생활을 한 뒤 때가 이르면 이스라엘을 다시 세우실 것이라고 예언을 했기 때문이다. 그리고 그대로 이루어지고 있었다. 그래서 그는 이렇게 외친다.

> "이스라엘의 임금, 그의 구세주,
> 만군의 야훼께서 말씀하신다.
> '내가 시작이요, 내가 마감이다.
> 나밖에 다른 신이 없다.
> 누가 나와 같으냐? 나서서 말해 보아라.
> 누가 처음에 장래의 일을 미리 들려 주었느냐?
> 앞으로 될 일을 우리에게 말해 보아라.
> 나밖에 다른 신이 또 있느냐?'"(사 44:6-8)[30]

모든 나라들은 갖가지 신을 섬기면서 보란 듯이 일어서나 그들의 영화는 한낱 풀포기에 불과하며, 야훼만이 유일한 신이라는 것이다. 장차 될 일을 말한 자는 야훼밖에 없기 때문이다. 마르둑이 아무리 강하다 해도 그의 백성들이 망할 것을 말할 수가 없었다. 바빌론이 앞으로 어떻게 될 것도 말하지 못했다. 그러면서 그는 우상을 만드는 자들을 비웃는다.

---

30 유일사상을 말하는 장절들: 41:21-23, 43:11-13, 44:9-20, 45:5-8, 20-25, 46:8-13

"우상을 빚어 만드는 자들은 하나같이 바람잡이, 아무 덕을 끼칠 수 없는 것들을 소중히 여기는 바보들이다."(사 44:9)

"(목수들은)송백을 찍어 낸다. 삼목이나 상수리나무를 베어 낸다.…… 땔감밖에 되지 않는 것들, 베어다가 몸이나 녹이고 빵이나 굽는 데 쓸 것들, 그런 나무로 신이랍시고 만들어 예배를 드리는구나. 신상이랍시고 만들어 놓고 그 앞에 엎드려 큰절을 하는구나. 반 토막으로는 불을 피우고 그 불에 고기를 구워 배불리 먹으면서 흥얼거린다. '아, 뜨뜻하게 불까지 쬐니 좋기도 하구나!' 이렇게 불을 쬐면서 남은 토막을 가지고 신이랍시고 만들지들 않느냐? 신상이랍시고 만들어 놓고 그 앞에 엎드려 큰절을 하며 예배하고, '당신이 나의 신입니다. 나를 구해 주십시오' 하고 기도까지 하는구나. 이렇게 모두들 지각이 없고 철이 없는 것들, 눈은 닫혀 아무 것도 보지 못하고 마음은 어두워 아무 것도 깨닫지 못하는 것들. '반 토막으로는 불을 피우고 그 이글이글 타는 장작불에 빵을 굽고 고기를 구워 먹자. 남은 토막으로는 신상을 만들어 놓고 그 나무토막 앞에 엎드리자' 하고 말하는 생각도 없고 지각도 없고 철도 없는 것들. 재티나 먹고 사는 것들. 생각이 비뚤어져 터무니없는 짓이나 하는 것들. '내 오른손에 붙잡고 있는 것이 허수아비나 아닐까?' 하고 반성하기는커녕 그 터무니없는 생각에서 도무지 헤어나지를 못하는구나."(사 44:14-20)

바빌론 사람들이 섬긴 신이 얼마나 허수아비인 것을 꼬집는다. 대장

장이들과 목수들이 만든 허수아비들이 앞으로 일어날 일들을 말해 줄
수 없다는 것이다.

그리고는 그는 오랫동안 야훼를 섬긴다고 하면서 여러 가지 신을 섬
기며 못하는 짓이 없었던 이스라엘 백성들에게 이렇게 말씀하신다.

"(너희들이) 엉뚱한 짓을 못하게 하려고

나는 장차 있을 일을 미리 알려 주었고

앞질러 들려주었다.

이렇게 이루어지는 것을 너희는 보았다.

너희가 이것을 증언하지 않으려느냐?

이제 내가 새로운 일을 너희에게 들려준다.

이것은 너희가 알지 못하던 비밀이다."(사 48:1-6 요약)

앞서 있었던 일들을 미리 말한 야훼는 이제 앞으로 될 일도 미리 알
려준다는 말이다. 바로 고레스를 통하여 새날을 열어주시는 거다. 그
래서 이사야는 이렇게 외친다.

"내 말을 들어라. 야곱아!

내가 불러 세운 이스라엘아!

나는 한결 같다. 내가 시작이요, 내가 마감이다.

이 손으로 땅의 기초를 놓았다.

이 오른손으로 하늘을 펼쳤다.

내가 부르면

나와 서지 않을 자 없다.

모두들 모여 와 내 말을 들어라.

'나의 친구가 나의 뜻을 이루어

바빌론과 갈대아를 짓부수리라.'

그들 가운데 누가 이 일을 미리 알려 주었더냐?"(사 48:12-14)

이렇게 야훼가 고레스를 불렀다고 하시면서 그들이 귀향길에 오를 것을 말씀하셨다.

"바빌론에서 빠져 나오너라.

갈대아 사람들을 뿌리치고 도망쳐라.

기쁜 소식을 전하여라, 선포하여라.

세상 끝까지 퍼뜨려라.

'야훼께서 당신의 종 야곱을 구원하신다.'"(사 48:20)

그가 이스라엘을 이렇게 사랑하시는 이유는 무엇인가?

"너, 이스라엘, 나의 종,

너, 내가 뽑은 자, 야곱아

나의 친구 아브라함의 후예야

나는 너를 땅 끝에서 데려 왔다.

먼 곳에서 너를 불러 세우며 일렀다.

'너는 나의 종이다. 내가 너를 뽑아 세워 놓고 버리겠느냐?

두려워 말라. 내가 너의 곁에 있다.

걱정하지 말라. 내가 너의 하느님이다.

내가 너의 힘이 되어 준다.'"(사 41:8-10)

그들이 아브라함의 자손이기 때문에 버리시지 못하는 거다. 오래전 그들을 이집트에서 건져내어 광활한 광야에서 이끌어냈다. 야훼가 아낀 선택의 백성이기 때문이다. 눈에 넣어도 아프지 않을 귀염둥이라고 한다.(사 43:4) 조강지처와 같은 그들을 다시 거두어들이신다.(사 54:6b) 그리고 다시 그들과 서약을 하신다.

"내가 또다시 노아 시대에서처럼 맹세한다.

노아의 홍수가 다시는 세상을 휩쓸지 못하게 하리라고 맹세했듯이 나 이제 또다시 맹세한다.

내가 다시는 홧김에 너를 혼내 주지 아니하리라."(사 54:9)

그러시면서 야훼는 다윗과의 약속을 다시 읊으신다.[31]

"내가 너희와 영원한 계약을 맺으리라.

---

31 삼하 7:8-16, 23:5, 시 89:28-38

다윗에게 약속한 호의를 지키리라.

나는 그를 뭇 백성들 앞에 증인으로 세웠고

부족들의 수령과 군주로 삼았다.

이제 너는 네가 알지 못하던 민족을 부르리라.

너를 모르던 민족들이 너에게로 달려 오리라.

너희 하느님 야훼, 이스라엘의 거룩하신 이께서

너를 영화롭게 하신 것을 보았기 때문이다."(사 55:3b-5)

여기에서 제2 이사야는 노아와의 계약을 예거하면서 야훼가 다윗과의 계약을 지킬 것이라고 한다. 이것은 그의 후손이 대대로 왕위에 앉는다는 나단을 통한 약속이다. 그리고 5절 마지막에 보면 야훼께서 이렇게 하는 것은 이미 다윗을 부족들의 수령과 군주로 삼아 영화를 보았기 때문이다. 따라서 앞으로 이스라엘을 모르던 민족들이 이스라엘에게로 달려오리라고 봤다. 이것은 이사야서 2장에서 선언한 대로 "장차 어느 날엔가 야훼의 집이 서 있는 산이 모든 멧부리 위에 우뚝 서고 모든 언덕에 높이 솟아 만국이 그리로 물밀듯이 밀려들리라."고 한 예언과 통하는 생각이다.

이는 이스라엘이 그들의 잘못을 깨닫고 새롭게 되었기 때문이 아니다. 그들이 죄의 값으로 오랫동안 고생을 했기 때문이다. 야훼의 손에서 죄벌을 곱절이나 받았기 때문이라고 한다. 동시에 그들을 향한 야훼의 사랑이 그지없이 크기 때문이다. 동시에 다윗에게 한 약속을 지키시기 위함이라고 한다.

그리고 그는 마지막으로 이런 선언을 한다.

"하늘에서 쏟아지는 비, 내리는 눈이

하늘로 되돌아 가지 아니하고 땅을 흠뻑 적시어

싹이 돋아 자라게 하며

씨뿌린 사람에게 씨앗과 먹을 양식을 내주듯이,

내 입에서 나가는 말도

그 받은 사명을 이루어

나의 뜻을 성취하지 아니하고는

그냥 나에게로 돌아 오지는 않는다."(사 55:10-11)

실로 굉장한 선언이다. 본래 유일신 사상의 근거는 신이 말한 것은 반드시 이룩되고야 만다는 데 있다. 따라서 야훼가 말하셨다는 이 다윗과의 약속, 곧 그의 후손을 통하여 이스라엘 백성이 시온 산이 멧부리 위에 높이 들리듯이 들리고 만방이 그 밑으로 몰려오도록 되어야 한다. 그래야 야훼만이 신이라는 것이 실증이 된다. 실로 엄청난 선언이다. 그러나 그렇게 되지 않았다. 백성들은 여전히 야훼의 뜻을 거역했고 이스라엘은 모든 나라로부터 수모만 받았다. 어떻게 된 것인가?
왜 그렇게 되었는가? 제2 이사야가 다윗 전통에 눈이 멀었기 때문이다. 다윗 왕은 주변의 모든 왕들과 꼭 같이 자신의 부귀영화를 위하여 야훼의 이름까지 오용하면서 자신을 위한 바벨탑을 쌓았다. 제2 이사야는 이것을 바르게 깨닫지 못했다. 야훼가 하려는 것은 바벨탑을 무너뜨리고 새로운 정의와 평화의 공동체를 이룩하는 거다. 이를 위해 바벨탑에서 밀려난 떠돌이들을 깨우치고 새 내일을 이룩하는 것이었다. 그런데, 아직도 힘의 철학에서 깨어나지 못한 제2 이사야는 하느님이 고레스에게 기름을 부으셨다고 생각을 했다. 엘리야를 통해서 밝혀진 하느님의 역사 경륜을 알지 못했다. 하느님은 놀라운 외적 승리로 역사를 운영하지 않는다. 조용히 전개되는 역사를 직시하면서 그 속에서 억눌린 떠돌이들이 집단적으로 깨닫고 새로운 마음을 소유하게 해서 역사를 새롭게 한다. 이런 엘리야의 깨달음을 그는 몰랐었다. 따라서 그는 고레스 왕을 통하여 이스라엘이 해방되고 다시 예루살렘을 수축하고 성전을 재건한 위에 화려한 다윗 왕국이 수립된다고 목청을 높였다. 그것이 야훼의 약속이기에 틀림이 없다고 다짐을 했다. 실로 바벨탑의 망령이 이렇게도 모두의 마음을 사로잡고 있었다.

 # 서글픈 예루살렘 재건 전통

그들이 기대했던 바와 같이 고레스 왕은 바빌론을 점령하자 칙령을 내렸다. 바빌론에 잡혀 와서 잔존한 이스라엘 백성들이 예루살렘에 돌아가서 그들의 성전을 짓고 그들의 신 야훼를 섬기도록 윤허를 내렸다. 야훼는 예루살렘에 계셔야 하는 하느님이시기 때문이다. 그리고 느부갓네살이 예루살렘을 점령했을 때 가져온 가지각색의 기물들을 그들에게 돌려주었다. 귀향하는 이스라엘 주민들에게 필요한 각가지 물품을 주도록 바빌론 주민들에게 지시했다. 요사닥의 아들 예수아와 스알디엘의 아들 스룹바벨의 지도하에 5만 명이나 되는 이스라엘 백성들이 야훼의 이름을 높이 찬양하면서 유대 땅으로 돌아와 각기 자기 지방에 정착을 했다.

고레스 왕이 이런 정책을 쓴 것은 페르시아 왕국의 안전을 위해서였다. 남쪽으로 이집트의 위협이 있기에 이스라엘 사람들에게 종교 자유를 주어 성전을 세우고 동시에 예루살렘 성곽을 견고히 하도록 했다. 이집트에서 오는 위험을 막는 데 유리하기 때문이다.[32] 고레스 왕은 정책적으로 유대인들을 귀환시켜 성전을 재건하고 성벽을 견고히 구축하도록 후원했다.

자기들의 지방에 정착한 이스라엘 백성들은 그 후 7월이 되어 다시 예루살렘에 모여서 제단을 쌓고 야훼께 제사를 드렸다. 성전을 지을 기초도 닦았다. 그러나 사마리아 사람들이 성전 건축에 도움을 거절하고, 방해해서 예정된 건축이 중단되었다. 사마리아 사람들이 성전 건축에 관여하려고 한 것은 그동안 야훼 예배 전통을 살리려고 한 것이라고 학자들은 추측한다.[33]

성전 건축이 중단된 지 16년 뒤인 주전 520년에 예언자 학개가 나타나서 스룹바벨이야말로 야훼가 정한 다윗 왕국을 재건할 인물이라고 예언을 하면서 성전 건축을 강조했다.

"너는 유다 총독 스룹바벨에게 이렇게 일러라. '내가 하늘과 땅을 뒤흔들리라. 또 뭇 나라 옥좌를 뒤엎고 뭇 민족의 힘을 꺾으리라. 병거대를 뒤집어 엎고 기마대는 저희끼리 싸우다가 서로 칼에 맞아 쓰러지게 하리라. 그 날이 오면, 만군의 야훼가 말한다. 스알디엘의 아들 스룹바벨아, 내가 너를 들어 올리리라. 너는 나의 종이다. 만군의 야훼가 말한다. 내가 너를 뽑았으니 너는 옥새처럼 소중하다. 만군의 야훼가 말

32 N. Gottwald, op.cit. p.428
33 N. Gottwald, op.cit. p.430

한다.'"(학 2:21-23)

계속해서 스가랴 선지가 나타나서 같은 예언을 했다.

"주의 말씀이 나에게 내렸다. '헬대, 토비아, 여다야, 스바니야의 아
들 요시야가 포로민이 바친 예물을 가지고 바빌론에서 돌아 왔는데,
너는 오늘 그것을 받으러 가거라. 그 금과 은을 받아다가 면류관을 만
들어 스알디엘의 아들 스룹바벨 머리에 씌우고는, 이렇게 일러 주어
라. '나 만군의 야훼가 말한다. 이 사람을 보라. 그 이름은 새싹이니,
이 사람이 앉은 자리에서 싹이 돋으리라. 그는 야훼의 성전을 지을 사
람이다. 이 사람이 바로 야훼의 성전을 짓고, 영광스런 옥좌에 앉아 나
라를 다스릴 사람이다. 그의 오른편에 사제가 앉으리니, 두 사람은 뜻
이 잘 맞을 것이다. 그 면류관은 야훼의 성전에 보관해 두어 헬대, 토
비아, 여다야, 스바니야의 아들 여호수아의 갸륵한 뜻을 기념하도록
하여라.'"(슥 6:9-14)

이렇게 두 예언자가 독려하여 성전이 완성되었다. 그러나 그 후 스
룹바벨은 자취를 감추어 학개와 스가랴의 예언은 무효로 돌아갔다. 강
력한 고레스에게 기름을 부었다는 제2 이사야의 말이 허위로 돌아갔
다. 다윗 왕조가 재건된다는 예언도 허무하게 무너지고 말았다.그 뒤
유대 땅에 다시 정착한 무리들은 모두 자기 욕심대로 살아 율법을 제
대로 지키기는커녕 강자들이 약자들을 수탈하여 일대 혼란이 일어났

다. 바빌론에 잡혀갔던 본래 지주들이 자기 땅들을 회수하면서 사회적인 혼란이 일어났을 것이다. 다른 종족들과 섞여 살던 가난한 무리들은 물론이고 바빌론에서 돌아온 사제들까지도 그곳에 있는 이방 여인들을 아내로 삼아 살면서 종교적으로 일대 혼란을 일으켰다. 지은 죄 때문에 받아야 할 고생을 다 받았다고, 이제 새 내일이 올 것이라고 예언을 한 제2 이사야의 예언은 공수표가 된 셈이다. 다윗 왕조 재건도 물거품이 됐다. 예레미야나 에스겔이 말한 대로 마음의 변화가 없이는 새 내일이 올 수가 없었다.

이 소식을 들은 사제요 랍비인 에스라가 5000명에 달하는 귀향민을 데리고 예루살렘으로 찾아왔다.(주전 458) 그는 유대 나라 명가문의 후손으로 사제인 동시에 모세의 법을 통달한 학자이기도 했다. 그는 당시 페르시아를 다스린 아닥사스다 황제의 파송을 받아 경제적인 후원도 받았다. 황제는 유프라테스 서부의 재무장관에게도 지시를 하여 에스라의 일에 협력하라고 했다.

아닥사스다 황제는 예루살렘을 중심으로 한 유대 땅이 안전하게 정리되어야 페르시아 왕국에 도움이 되겠기 때문에, 에스라를 지원했다. 이를 위해서는 유대인들이 소중하게 여기는 율법이 잘 준수되어야 한다. 따라서 유대인들에게 율법을 그들의 사회를 다스리는 법으로 인정을 했다.

그러나 그는 예루살렘에 와서 너무나 어처구니없는 일을 들었다. 이스라엘 백성들이 그곳에 있는 이방 여인들과 통혼을 밥 먹듯 한다는 것이다.

에스라는 성전 앞에 쓰러져서 금식을 하면서 이스라엘 백성들의 죄를 고백하였다. 그리고 이스라엘 백성들에게 이방 여인들과 그들이 나은 모든 자녀들을 추방하게 하였다. 이를 모두가 동조하여 유대 나라에는 일대 참극이 벌어졌다. 야훼 하느님이 아브라함과 맺은 언약이란 민족들이 서로 축복을 하면서 살게 하시겠다는 것이었는데도 말이다.

"그런데 아사헬의 아들 요나단과 디과의 아들 야스야만은 이것을 반대했다. 그들을 지지한 사람은 므술람과 레위인 삽브대였다."(에스라 10:15-16a) 이것은 실로 놀라운 일이다. 온 무리가 모두 통곡하면서 이방 여인과 그들의 자녀들을 추방하기로 하는 마당에 감히 몇몇 사람이 이에 반대한다는 것은 이만저만한 일이 아니다. 선민사상이 판을 치는 마당에 이에 항거하는 무리들이 있었다는 것이다.

에스라가 시작한 선민주의적인 종교개혁은 그 지역 장관으로 임명이 된 느헤미야가 와서 일단 완성이 되었다.[34] 느헤미야는 아닥사스다 황제에게 잔을 들어 올리는 심복 신하이었다. 그가 예루살렘 성곽이 무너진 대로 있고 그 성문이 불에 탄 채로 있을 뿐 아니라 그곳에 사는 유대인들 사이에 혼란이 일어나고 있다는 소식을 듣고 크게 심려했다. 아닥사스다 황제는 이런 그를 예루살렘을 다스리는 장관으로 임명을 했다.

예루살렘에 도착한 느헤미야는 성문을 재건하고 성곽을 쌓기 시작했다. 주변 종족들은 비아냥거렸다. 무력으로 그들이 하는 일을 방해하려고도 했다. 느헤미야는 일꾼들에게 무장을 시켜가면서 일을 진행

---

34 N. Gottwald: Ibid., p.436

하였다.

　유대인들 중 천민들 사이에서 불평이 터지기도 했다. 바빌론에서 돌아온 옛날 지주들이 자기 땅을 되찾아 살면서 그 지방에 있는 천민들을 구박했다. 느헤미야는 엄중하게 이것을 질책하면서 동족에게 돈놀이 하는 것을 금했다. 그리고 초막절 지키기, 죄를 뉘우치면서 단식하기, 안식일 법, 십일조 법 지키기도 강조했다. 뿐만 아니라 이방인과 결혼하는 일도 엄금하고 결혼하여 아들딸들을 낳고 살던 가정까지도 파괴했다. 이렇게 예루살렘에 있는 성전을 존중하고 율법을 엄격히 지켜 다윗 왕조를 재건하려는 유대교 전통을 확립하려고 했다.

제3 이사야의 외침

이사야서 56장에서 66장까지의 제3 이사야서는 바빌론에서 탈출한 이스라엘 백성들이 예루살렘에 돌아와서 성전을 재건하고 성곽을 보수한 뒤 야훼를 섬기면서 선민으로 야훼의 이름을 높여 만방의 빛이 되려고 한 것은 기록하고 있다. 이 모든 것이 뜻대로 되지 않아 혼란 중에 있을 때 제2 이사야의 소신을 이어받은 한 예언자가 혼란 중에 있는 동족들을 격려하는 소망의 메시지를 중심으로 작성되었다. 그 메시지의 핵은 60장에서 62장에 수록되어 있다. 그러나 당시 귀환한 이스라엘 백성들의 삶이란 정치 경제적으로 혼란했을 뿐만 아니라 종교적으로도 타락해 있어서 귀환 공동체를 격려하는 메시지를 준다는 것이 쉬운 일이 아니었다. 뿐만 아니라 여기에 수록된 기록들이 잡다하여 명확하게 이를 정리하기가 힘들다. 이제 필자는 먼저 당시 사회적인 혼란과 종교적인 타락상을 정리한 뒤 60장에서 62장에 있는 격려의 메시지를 요약할 것이다.

(1) 귀환 공동체의 혼란과 제3 이사야

예루살렘에 돌아와서 성전을 짓고 성곽을 쌓으면서 새롭게 출발하려는 무리들 가운데 다시 가진 자들과 가난한 자들 사이의 혼란이 야기됐다. 이방인들 사이에서도 혼란이 생겨서 갖가지 사회적인, 종교적인 혼란이 그들의 앞날을 어둡게 했다. 이때 제2 이사야의 전통을 이어받은 예언자가 나타나서 안타까운 심정으로 외치기 시작했다.

그는 먼저 이스라엘의 지도자부터 규탄을 한다.

"보초라는 것들은 모두 앞 못 보는 소경이요,

집 지킨다는 개들은 짖지도 못하는 벙어리,

드러누워 공상이나 하다가 졸기가 일쑤구나.

먹어도 먹어도 게걸스런 저 개들,

저 무지막지한 목자들,

모두 제 멋대로 놀아나,

저만 잘 되겠다고 욕심부리는구나."(사 56:10-11)

이것은 주로 사제들과 귀향 뒤 자기의 땅을 회수하고 힘을 행사하는 무리들이다. 일반 백성들은 어떤가? 남자도 여자도 한결같이 다른 신을 따라 놀아났다.

"너희는 느티나무 그늘 아래에서,

모든 푸른 나무 밑에서 색을 탐하지 않았느냐?

이 골짜기 저 골짜기에서,

갈라진 바위 밑에서,

자식들을 잡아 희생제물로 바치지 않았느냐?"(사 57: 5)

이스라엘의 배신하는 여인들의 죄를 이렇게 질책한다.

"너는 개울바닥의 매끈한 돌기둥들을 네 것으로 삼았다.

그 돌들이, 그 돌들이 너의 몫이었지.

너는 거기에다 술을 따르고 곡식을 바쳤다.

내가 그런 것을 기뻐할 줄 알았느냐?

높이 솟은 산 위에 올라 잠자리를 펴다니,

거기까지 올라 가 제사를 드리다니,

너는 문설주 뒤에 너의 남신상을 모셔 놓고

나를 배신하여 옷을 벗고 올라 가 자리를 폈다.

그리고 네가 좋아하는 자들에게서 화대를 받고

질탕하게 놀아났다."(사 57:6-8)

남자나 여자나 할 것 없이 이방신을 섬기고 음탕하게 살기를 밥 먹

듯 한다는 것이다. 이스라엘 백성들이 바알 문화 속에 들어와서 하던
짓 그대로이다. 아무 변화도 없다. 그는 단식을 하고 안식일을 지킨다
고 으스대는 무리들에게 이렇게 말한다.

"'내가 기뻐하는 단식은 바로 이런 것이다.'
주 야훼께서 말씀하셨다.
'억울하게 묶인 이를 끌러 주고
멍에를 풀어 주는 것,
압제받는 이들을 석방하고
모든 멍에를 부수어 버리는 것이다.
네가 먹을 것을 굶주린 이에게 나눠 주는 것,
떠돌며 고생하는 사람을 집에 맞아 들이고
헐벗은 사람을 입혀 주며
제 골육을 모르는 체하지 않는 것이다.'"(사 58: 6-7)

그들의 삶이란 이와 정 반대다.

"너희 손바닥은 사람 죽인 피로 부정해졌고
손가락은 살인죄로 피투성이가 되었구나.
너희 입술은 거짓이나 지껄이고
너희 혀는 음모나 꾸민다."(사 59:3)

날로 더 캄캄하여 허둥대는 맹인처럼 된 무리들에 제3 이사야는 놀라운 환희의 소식을 전한다. 바빌론에서 고생하는 무리들에게 제2 이사야가 환희의 소식을 전한 것처럼 말이다. 60장에서 그는 이런 말로 시작한다.

> "일어나 비추어라. 너의 빛이 왔다.
> 야훼의 영광이 너를 비춘다.
> 온 땅이 아직 어둠에 덮여,
> 민족들은 암흑에 싸여 있는데
> 야훼께서 너만은 비추신다.
> 네 위에서만은 그 영광을 나타내신다."(60:1-2)

마치 제2 이사야가 부활한 것 같다.

> "평화가 너를 다스리게 하고
> 정의가 너를 거느리게 하리라.
> 다시는 너의 나라 안에서
> 횡포한 일이 벌어졌다는 말이 들리지 않을 것이며,
> 침략자와 파괴자가 침입하였다는 말도 들리지 않으리라.
> 너는 너의 성벽을 '구원'이라 이름지어 부르고
> 너의 성문들은 '찬양'이라 이름지어 부르게 되리라.
> 낮에는 해가 너를 비출 필요가 없고

밤에는 달이 너를 비출 필요가 없으리라.

야훼가 너의 영원한 빛이 되고

너의 하느님이 너의 영광이 되리니

다시는 너의 해가 지지 아니하고

너의 달이 다시는 스러지지 아니하리라."(사 60:17-20)

그리고 이 노래는 이렇게 끝난다.

"가장 보잘 것 없는 자가 천 명으로 불어나고

가장 하잘 것 없는 자가 강대한 민족을 이루리라.

나 야훼가 제 때에 지체없이 이루리라."(사 60:22)

놀라운 선언이다. 이스라엘 백성들이 곁길로 나가 야훼의 분노를 산다고 했는데 그들 사이에 야훼의 영광이 나타나서 그들을 새로운 백성으로 만든다는 것이다. 특히 놀라운 것은 가장 보잘것없는 자들, 하잘 것없는 자들을 강대한 민족으로 이루게 한다는 것이다. 그리고 야훼가 지체 없이 이를 이룩하실 것이란다.

그리고 그는 야훼께서 눌린 자들을 돌보신다고 외친다.

"억눌린 자들에게 복음을 전하여라.

찢긴 마음을 싸매 주고,

포로들에게 해방을 알려라.

옥에 갇힌 자들에게 자유를 선포하여라.

야훼께서 우리를 반겨 주실 해,

우리 하느님께서 원수갚으실 날이 이르렀다고 선포하여라.

슬퍼하는 모든 사람을 위로하여라.

시온에서 슬퍼하는 사람에게 희망을 주어라.

……

그들을 이름하여 '정의의 느티나무 숲'이라 하여라.

야훼가 자기의 자랑거리로 손수 심은 것,

그들은 옛 성터를 재건하고

오래 전에 허물어진 폐허를 다시 세우리라.

무너진 도시들을 새로 세우고

그 옛날 선조 때 헐린 집들을 신축하리라."(사 61:1b-4)

제3 이사야는 이 기쁜 소식의 대상을 억눌린 자, 찢긴 마음을 가진 자들이라고 한다. 재를 뒤집어썼던 사람, 상복을 입었던 사람들이다. 그들이 정의의 느티나무가 되어 야훼의 자랑거리가 된다고 했다. 그들이 옛 성터를 재건하여 그 옛날 선조 때의 영광을 다시 이룰 것이라 봤다.

"마침내 뭇 민족이 너의 정의를 보고

모든 제왕이 너의 영광을 보리라.

……

다시는 너를 '버림받은 여자'라 하지 아니하고

너의 땅을 '소박데기'라 하지 아니하리라.
이제는 너를 '사랑하는 나의 임'이라,
너의 땅을 '내 아내'라 부르리라.
야훼께서 너를 사랑해 주시고
너의 땅의 주인이 되어 주시겠기 때문이다."(사 62:2-4)

여기의 초점은 버림받은 여인, 소박데기처럼 버림을 받은 무리들을 사랑하는 나의 임, 나의 아내라고 부르겠다는 것이다. 동시에 이스라엘 백성이 모든 민족 위에 군림한다고 한다. 다윗 왕국의 재건이 그의 희망의 핵이다. 바벨탑의 화려한 영상을 버릴 수가 없다.

그러한 일을 위해서는 먼저 그들의 죄를 회개해야 한다. 그래서 제3이사야는 이렇게 노래한다.

"당신께서 이렇듯이 화를 내신 것은
우리가 잘못을 저지르고
처음부터 당신께 반역하였기 때문입니다.
우리는 모두 부정한 사람처럼 되었습니다.
기껏 잘했다는 것도 개짐처럼 더럽습니다.
우리는 모두 나뭇잎처럼 시들었고
우리의 죄가 바람이 되어 우리를 휩쓸어 갔습니다.
당신의 이름을 불러 예배하는 자도 없고
당신께 의지하려고 마음을 쓰는 자도 없습니다.

당신께서 우리를 외면하시므로

우리는 각자 자기의 죄에 깔려 스러져 가고 있습니다."(사 64:4b-6)

자기들의 죄를 고백한 제3 이사야는 반역만 하던 이스라엘을 가나안 복지에 인도하신 것처럼 예루살렘에 돌아와서 헤매는 무리들도 도와 달라고 야훼에게 애걸한다. 사실 이것이 신명기 역사가들의 주제였다. 예전 이스라엘 공동체도 거듭 죄를 범했으나 회개하면, 하느님이 용서해주시어 다윗 왕조를 이룩해주셨다고 기록되어 있다. 이제 다시 회개하니 용서해달라는 것이다. 그래서 이렇게 기원한다.

"그래도 야훼여,

당신께서는 우리의 아버지이십니다.

우리는 진흙, 당신은 우리를 빚으신 이,

우리는 모두 당신의 작품입니다.

야훼여, 너무 노여워 마십시오.

우리 죄를 영원히 기억하지는 마십시오.

굽어 살펴 주십시오.

우리는 모두 당신의 백성입니다.

당신의 거룩한 성읍들은 폐허가 되었습니다.

시온은 무인지경이 되었고

예루살렘은 쑥밭이 되었습니다.

야훼여, 이렇게 되었는데도 당신께서는 무심하십니까?

우리가 이렇듯이 말못하게 고생하는데도

보고만 계시렵니까?"(사 64:7-11)

제3 이사야는 다음과 같은 소망의 노래로 그의 예언을 마감한다.

"보아라, 나 이제 새 하늘과 새 땅을 창조한다.

지난 일은 기억에서 사라져 생각나지도 아니하리라.

내가 창조하는 것을 영원히 기뻐하고 즐거워하여라.

나는 '나의 즐거움' 예루살렘을 새로 세우고

'나의 기쁨' 예루살렘 시민을 새로 나게 하리라.

……

예루살렘 안에서 다시는 울음소리가 나지 않겠고

부르짖는 소리도 들리지 아니하리라.

거기에는 며칠 살지 못하고 죽는 아기가 없을 것이며

명을 다하지 못하고 죽는 노인도 없으리라.

……

사람들이 제 손으로 지은 집에 들어 가 살겠고

제 손으로 가꾼 포도를 따 먹으리라.

……

아무도 헛수고하지 아니하겠고

자식을 낳아 참혹한 일을 당하지도 아니하리라.

……

그들이 부르기 전에 내가 대답하고
말을 마치기 전에 들어 주리라.
늑대와 어린 양이 함께 풀을 뜯고
사자가 소처럼 여물을 먹으며
뱀이 흙을 먹고 살리라.
나의 거룩한 산 어디에서나
서로 해치고 죽이는 일이 없으리라"(사 65:17-25)

실로 환희에 찬 새 하늘 새 땅이다. 이방인들을 향한 제3 이사야의
생각은 에스라나 느헤미야의 막히고 닫힌 선민주의보다는 열려 있다.
이스라엘 백성들이 야훼의 축복으로 예루살렘을 회복하고 정의와 평
화의 나라를 이룩할 때 이방 나라들은 예루살렘으로 모여들 것이라고
한다.

그러나 이스라엘 백성들과 이방인들과의 관계는 주인과 종의 관계
와도 같다. 50장 8-9절에서 이방 나라들이 예루살렘을 향해서 모여들
것을 노래한 뒤 다음과 같이 말한다.

"네 하느님 야훼의 이름을 높이려고
너를 아름답게 꾸며 준 이스라엘의 거룩한 이를
찬양하려고 오는 것이다.
외국인들이 너의 성을 수축하고
그 왕들이 너의 신하가 되리라.

내가 노하여 너를 때렸지만

귀여운 생각이 들어 너를 가엾게 본 때문이다.

밤에도 낮에도 잠그지 아니하고

네 성문은 늘 열려 있어,

왕들이 앞장 선 가운데

뭇 민족이 보화를 성 안으로 들여 오리라.

너를 섬기지 않는 민족과 나라는 망하리라."(사 60:9-12)

이사야서 2장에 있는 시와 같이 이스라엘이 만방 위에 높이 들리고 이방 나라들이 그 아래에 와서 살 길을 찾을 것이라는 종교제국주의이다. 바벨탑의 환상에서 벗어나지 못한 것이다.

넷째 마당의 정리

고레스 왕의 출현을 보고 제2 이사야는 어처구니없는 환상에 사로
잡힌다. 고레스가 이스라엘의 재건을 위하여 하느님이 기름 부은 자라
고 생각을 한다. 그래서 이스라엘 백성들에게 환희에 찬 노래를 전한
다. 곧 다윗 왕국이 이룩될 것이라고 말이다. 이 같은 확신을 하게 된
데는 그것이 유일한 신인 야훼의 경륜이라고 본 것이다. 야훼가 유일
한 신인 것은 그의 예언이 언제나 적중하기 때문이라고 생각한 것이
다. 그 하느님이 고레스를 통해서 다윗 왕조의 영화를 재생시키시려고
하니 틀림이 없다는 논리이다. 이는 바벨탑 식의 사고방식이다.

고레스 왕은 이스라엘 백성들을 예루살렘에 보내어 성전을 수축하
고 성곽을 쌓게 했다. 그러나 이는 다윗 왕조의 재건을 위한 것이 아니
다. 페르시아 제국의 안전을 위한 것이다.

예루살렘에 돌아간 무리들은 착각에 사로잡혔다. 그들은 하느님의
선민으로 다윗 왕조를 재건한 뒤 이방 나라들을 수하에 거느린다고 생
각했다. 동시에 선민으로 이방 나라 사람들과 혼인 관계를 맺어서는 안
된다며, 천출을 만들었다. 이미 결혼한 자들은 이방 여인과 자식들을
추방해야 한다고 했다. 그래서 어처구니없는 비극이 만들어졌다.

바벨탑의 정신에서 탈출하지 못한 저들은 예루살렘에 돌아와서도

하는 행동이 전과 하나도 다르지 않았다. 사제를 중심으로 한 기득권 자들은 여전히 약자들을 억압하고 수탈했다. 율법을 강조하면서도 우상 숭배를 마다하지 않았다.

이것을 본 제3 이사야는 강자들에 대한 야훼의 심판을 선언한다. 동시에 새 내일은 눌린 자들의 것이라고 말한다. 그러면서 회개를 강조했다. 회개하면 하느님이 용서하실 것이라고 선언한다. 그 까닭이란 출애굽 공동체도 자주 죄를 지었으나 회개하면 하느님이 용서하셨다고 설명한다. 그는 야훼에게 기원한다. 이 백성을 다시 굽어 살펴 달라고. 당신이 아껴서 구출하신 백성이 아니냐고. 그가 그리는 새 내일은 시편 2편에 기록되었던 메시아 왕국의 그림 그대로다. 이스라엘이 높이 들릴 것이요, 이방 나라들이 그들의 수종을 들 것이라고 말이다. 힘의 철학에 사로잡힌 바벨탑의 유혹이란 끈질기기 그지없다.

새벽을 알리는
계명성

다윗 왕조의 어처구니없는 탈선으로 빗나가기 시작한 유대 왕국은 바빌론에 잡혀가서 포로의 생활을 하면서 스스로 반성을 하려 했다. 그러나 출애굽 정신에 역행한 것을 깨닫지 못하고 그릇된 선민사상에 사로잡혀서 이방인들을 멸시했다. 빗나간 율법주의에 포로가 되어 여전히 하느님의 분노를 샀다. 제2 이사야라고 불리는 시인의 환희에 찬 새 내일의 꿈도 어처구니없는 환각으로 끝났다. 이와 같은 허무한 나날을 보내는 자들 중에는 다윗 전통에 회의를 품는 자들도 적지 않았다.

그들은 자신들의 겪는 고난을 통하여 새 내일이 어떤 것이어야 하는지를 감지했다. 그들은 그 짙은 어둠 속에서 목청을 높여서 계명성을 울렸다. 그 첫째는 유대인과 결혼하여 화목하게 사는 이방 여인들과 그들의 자녀들의 아우성 소리를 들으면서 이것이 하느님의 뜻일 수가 없다고 목청을 높인 요나서를 쓴 이야기꾼이다. 사랑의 소중함을 알아 나오미를 따라 베들레헴으로 발길을 옮긴 룻이야말로 하느님의 사랑하는 딸이라는 것을 노래한 이야기꾼이다.

야훼 하느님은 이방을 꼭 같이 아끼고 사랑하신다는 것을 명백히 밝힌 시인들도 있었다. 그들을 야훼의 종이라고 불렀다. 그들은 마치 제2 이사야와 같은 생각을 가진 자들이라는 주장도 있었다. 그러나 그들은 야훼 하느님이 다윗 왕조를 반드시 회복한다고 목소리를 높인 제2 이사야와는 완전히 다른 새 내일을 깨우치는 계명성들이었다. 그들은 아브라함에게 약속하신, 민족이 서로 축복하면서 살게 하시겠다는 야훼 하느님의 뜻을 받았다. 그리고 다민족 공동체였던 출애굽 공동체의 얼을 되살렸다. 암흑에 싸인 역사의 밑바닥에 흐르는 출애굽 전통의 얼을 이어받은 자들이 있었다. 말하자면 출애굽의 원형이 되살아나기 시작한 것이다. 이제 그들의 생각을 살펴보자.

예언자 요나의 이야기

예언자인 요나는 이방 도성 니느웨에 가서 "그들의 죄가 하늘에 사무쳤다."라는 야훼의 말씀을 전하라는 지시를 받았다. 그러나 선민으로 자처하는 그는 개처럼 천하게 여겨지는 이방인들에게 야훼의 말을 전한다는 것을 받아들일 수 없었다. 그래서 그는 욥바에 가서 다르싯으로 가는 배를 탔다. 그러나 가는 도중 큰 풍파가 일어나 파선하게 됐다. 누가 "크게 죄를 지은 자가 탔기에 이런 광풍이 일어난다."고 하여 그 죄인을 찾기 위해서 제비를 뽑았더니 요나가 걸리고 말았다. 요나는 할 수 없이 자기를 바다에 던지라고 했다. 바다에 던져진 요나는 큰 고기에게 삼킴을 받는다. 그 고기 뱃속에서 사흘이나 지낸 요나는 하느님에게 자기 죄를 자복했더니 그 고기가 요나를 뱉어버렸다. 이렇게 되자 요나는 하느님의 용서하시는 사랑에 감격을 한다. 그 요나에게 야훼 하느님은 다시 명령을 하신다. 니느웨에 가서 그들의 죄를 고발하라고. 그래서 요나는 니느웨 성에 가서 40일 후에는 그 도성이 망할 것이라고 성난 음성으로 외쳤다. 그랬더니 그 도성 사람들이 다 재를 뒤집어쓰면서 회개를 하는 것이 아닌가. 이 소식을 들은 왕까지 베옷을 입고 잿더미 위에 앉아서 회개를 했다. 이를 보신 야훼는 생각을 바꾸어 그 도성을 멸하시지 않기로 하셨다.

이 이야기의 핵심은 이제부터 벌어지는 일이다. 이렇게 야훼가 마음을 돌리시어 이 도성을 멸하지 않기로 결정을 하자 요나는 화가 치밀어 올랐다. 그래서 야훼를 향하여 이렇게 말한다.

"야훼님, 제가 집을 떠나기 전에 이렇게 되리라고 하지 않았습니까? 그래서 저는 다르싯으로 도망치려 했던 것입니다. 저는 다 알고 있었습니다. 하느님께서 애처롭고 불쌍한 것을 그냥 보아 넘기지 못하시고 좀처럼 화를 내지 않으시며 사랑이 한없으시어, 악을 보고 벌하려 하시다가도 금방 뉘우치시는 분인 줄 어찌 몰랐겠습니까? 그러니 야훼님, 당장 이 목숨을 거두어 주십시오. 이렇게 사느니 차라리 죽는 것이 낫겠습니다."(욘 4:2-3)

하느님의 사랑을 안다는 그는 야훼의 명을 거부하고 다르싯으로 도망을 가는 죄를 지어 죽을 고비를 넘겼다. 또 인자하신 야훼로 말미암아 죄 사함을 받은 그가 니느웨 사람들이 회개하고 용서함을 받은 것을 치하해야 하는데 오히려 그들이 야훼의 용서함을 받는 것을 보고 화가 나서 차라리 죽여 달라고 한 것이다. 이는 야훼의 용서함을 받아 예루살렘에 돌아 온 이스라엘 백성들이 이방인들이 망하는 것을 바라는 것과도 같다.

화가 난 요나는 니느웨 성 동쪽 언덕에 올라가서 이 도시가 어떻게 되는지를 보려 했다. 야훼 하느님은 그가 앉은 옆에 아주까리가 자라서 그 위를 덮어 그늘지게 만들어 기분을 좋게 해줬다. 그런데 그다음 날 벌레가 나타나 그 아주까리 나무를 마르게 했다. 그리고 뜨거운 열풍이 불어 와 요나는 기절할 지경이 되었다. 요나는 다시 야훼께 이렇게 사느니 차라리 죽여 달라고 투덜거렸다. 야훼는 이렇게 말씀하셨다.

"너는 이 아주까리가 자라는 데 아무 한 일도 없으면서 그것이 하루 사이에 자랐다가 밤 사이에 죽었다고 해서 그토록 아까와하느냐? 이 니느웨에는 앞뒤를 가리지 못하는 어린이만 해도 십 이만이나 되고 가축도 많이 있다. 내가 어찌 이 큰 도시를 아끼지 않겠느냐?"(욘 4:10-11)

야훼께 용서함을 받았으면서도 이방인들이 하느님의 저주를 받아 망하는 것을 보려는 이스라엘 백성 선민주의의 잔인함을 지적하는 이야기다.

모압 여인 룻의 이야기

룻기는 그 반대다. 유대인들이 개라고 하는 이방 여인이 얼마나 더 인간적으로 아름다운가 하는 것을 그렸다. 이야기는 나오미라고 하는 여인에게서 시작한다. 그녀는 베들레헴에 흉년이 들어서 남편과 두 아들을 데리고 이방 땅 모압으로 가 거기에서 두 아들이 이방 여인과 결혼을 한다. 두 여인의 이름은 오르바와 룻이다.

불행히도 남편과 두 아들이 죽고 나오미와 두 며느리만 남게 된다. 베들레헴에 다시 풍년이 들어 나오미는 고향으로 돌아가게 된다. 나오미는 두 며느리에게 그들의 고향에 가서 다시 결혼을 하여 행복하게 살라고 한다.

"너희가 죽은 내 아들들과 나에게 그토록 고맙게 해 주었으니 야훼께서도 그토록 너희를 보살펴 주시기를 바란다. 너희 둘 다 새 남편을 맞아 보금자리를 꾸며 짓겠지." 그리고는 두 며느리를 껴안자 두 며느리는 울음을 터뜨리면서 "안 됩니다. 어머님을 모시고 어머니 겨레의 품으로 돌아가겠습니다."

나오미는 이제 자기는 나이가 많다며, 며느리더러 고향에 돌아가라고 강권을 했다. 두 며느리는 다시 소리를 내어 울다가 맏며느리 오르바는 자기 겨레로 돌아갔다. 나오미는 룻에게도 오르바처럼 겨레로 돌아가라고 권했으나 룻은 "저에게 어머님을 두고 혼자 돌아가라고 너무 성화를 하지 마십시오." 하면서 이렇게 말했다.

"어머님 가시는 곳으로 저도 가겠으며,
어머님 머무시는 곳에 저도 머물겠습니다.
어머님의 겨레가 제 겨레요
어머님의 하느님이 제 하느님이십니다.
어머님이 눈 감으시는 곳에서 저도 눈을 감고
어머님 곁에 같이 묻히렵니다.
어떠한 일이 있어도 안 됩니다.
죽음밖에는 아무도 저를 어머님에게서 떼어 내지 못합니다."
(룻 1:16b-17)

이렇게 하여 나오미는 룻을 데리고 베들레헴으로 돌아간다. 그 후 룻은 나오미의 남편의 친척인 보아스의 아내가 된다. 그리고 그녀의 후손에서 다윗이 태어나게 된다.

모두의 가슴을 뜨겁게 하는 아름다운 이야기다. Norman Gottwald
에 따르면, 이 이야기는 통일 왕국 시절에 쓰인 것이라고 한다.[35] 그러
나 주전 9세기에서 이렇게 섬세하고 아름답고 감격적인 작품이 전수
되었으리라고는 생각되지 않는다. 많은 학자들은 이 이야기를 에스라-
느헤미야 시절에 이방 여인들을 유대 공동체에서 추방하는 것이 하느
님의 뜻이 아님을 표현한 글이라고 본다. 사실 룻의 입에서 나온 "어머
님 가시는 곳에 저도 가겠습니다. 어머님의 백성이 내 백성이요 어머
님의 하느님이 내 하느님입니다…… 죽음 밖에 아무것도 저를 어머님
에게서 떼어내지 못합니다."라고 한 말이야말로 쫓겨나는 여인들이 무
자비한 남편들을 향하여 하소연 한 눈물겨운 말들임에 틀림없다. 이렇
게 쫓겨나는 여인들이야말로 사랑과 정의의 하느님의 심정을 알았다
는 것이 된다.[36]

요즈음 많은 여성 신학자들은 이것을 여성 신학적인 입장에서 해석
한다. 구박을 받는 여성들이 하느님의 심정을 더 이해하고 간직한다는
것이다.[37] 그리고 보면 당시 쫓겨나는 여인들이야말로 삶이 어떠해야
하는지를 깊이 이해하고 이것을 노래했다. 그리고 한국에서도 김지하
나 그 밖에 많은 문인들이 고난을 겪으면서 삶을 그 깊이에서 이해하
고 아름다운 시나 이야기로 만든 것에서 알 수 있다. 박정희 독재 밑에

35 Norman Gottwald: op.cit. p.555

36 Walter Brueggemann: op.cit. pp.320–321

37 Norman Gottwald: op.cit. p.557

서 갖가지 고생을 한 김지하의 오적이 요나서에 해당하고, 그가 법정에서 진술한 장일담 이야기가 룻기에 해당이 된다.

이 룻의 이야기를 이방인들을 적대시한 요나의 이야기와 나란히 놓고 보면 퍽 흥미롭다. 니느웨 성에 있는 수만 명의 사람들이 멸절되지 않는 것에 화가 나서 죽고 싶다고 한 사람은 스스로 선민이라고 자처하는 남자다. 반면에 어머니의 백성은 나의 백성이요 어머님의 하느님은 나의 하느님이라며 어머님 죽는 곳에서 자기도 죽고 어머님이 묻히는 곳에 자기도 묻히겠다고 한 자는 당시 사람 취급을 받지 못한 이방 여인이다. 생명의 소중한 것을 알고 더불어 위하고 섬기는 것만이 삶의 길이라는 것을 깨닫는 자들이란 사람 취급을 받지 못하는 자들이다. 삶의 터전을 잃어버리고 두루 방황하면서 살 길을 찾는 떠돌이들이 생명의 소중함을 알고 더불어 사는 길을 찾는다는 것이 여기에서도 다시 실증이 된다.

선민주의를 탈피한
야훼의 종의 노래들

이사야서 40장에서 55장에 수록된 제2 이사야라고 불리는 글 가운데 고난을 통하여 마음에 새로운 깨달음을 얻어 삶이 새로운 차원으로 승화한 야훼의 종들이 있었다. 이사야서 42:1-9; 49:1-6; 50:4-9; 52:13-53:12에 있는 야훼의 종의 노래들을 읊은 시인들이다. 이 네 노래는 제2 이사야의 글과 같이 편집되었으나 이와는 다른 전통이 부합됐다고 학자들은 말한다.[38] 그 내용 역시 제2 이사야의 주제와는 다르다. 이 노래들은 예루살렘 성전과 성곽을 재건하고 성실하게 야훼께 제사를 드리고 율법을 지킬 뿐만 아니라 하느님의 선민으로 이방인들과의 접촉을 엄금함으로 다윗 왕국의 영광을 다시 이룩하는 것을 지상의 목표로 하는 좁고 좁은 선민사상을 깨뜨린다. 야훼 하느님의 통치가 땅

---

38 Norman K. Gottwald: ibid., p.497

끝까지 확산이 될 것을 노래한다. 이 노래들이야말로 야훼께서 아브라함에게 약속하신 민족과 민족이 서로 축복하면서 살리라는 세 번째 약속을 이룩하는 거룩한 일의 서곡이기도 하다. 출애굽 공동체가 이룩했던 아름다운 전통을 꿈꾸는 노래다. 이 노래를 지은 시인은 약소민족들에게 종교 자유를 주는 고레스 왕과 연락을 하다가 감옥살이를 한 자이다. 쓰라린 감옥 생활을 하면서 그의 생각이 좁디좁은 선민사상을 깨뜨리고 날개를 펴 땅 끝까지 훨훨 날았다.[39]

(1) 첫째 노래(사 42:1-9)

이 첫째 노래는 야훼의 종의 인정 어린 성품을 노래하고 그가 할 사명을 밝힌다.

"여기에 나의 종이 있다.
그는 내가 믿어 주는 자,
마음에 들어 뽑아 세운 나의 종이다.
그는 나의 영을 받아
뭇 민족에게 바른 인생길을 펴 주리라.
그는 소리치거나 고함을 지르지 않아

---

39 Norman K. Gottwald: ibid., p.499

밖에서 그의 소리가 들리지 않는다.
갈대가 부러졌다 하여 잘라 버리지 아니하고,
심지가 깜박거린다 하여 등불을 꺼 버리지 아니하며,
성실하게 바른 인생길만 펴리라."

뭇 민족에게 바른 인생길을 펴 줄 이 야훼의 마음에 드는 종은 제왕처럼 '소리치거나 고함을 지르지 않는다.' 힘의 철학은 그에게 있어서 동이 서에서 먼 것 같이 멀다. 갈대가 부러졌다 해서 잘라버리지 않고 '깜박거리는 심지도 끄지 않는다.' 아무런 고난이 부닥쳐도 성실하게 바른 인생길만을 편다. 천하를 호령하던 다윗 왕과 그의 뒤를 따른 왕들과는 너무나 다르다.

"그는 기가 꺾여 용기를 잃는 일 없이
끝까지 바른 인생길을 세상에 펴리라.
바닷가에 사는 주민들도 그의 가르침을 기다린다."

그렇게 부드럽고 조용한데도 아무도 그의 기를 꺾을 수 없다. 경험을 통하여 깨달은 야훼의 뜻이 그렇게 소중하기 때문이다. 이것만이 땅 위에 참된 평화를 가져오기에 세상 끝에 사는 자들도 그의 뒤를 따르게 된다는 것이다.

"하늘을 창조하여 펼치시고 땅을 밟아 늘이시고 온갖 싹이 돋게 하

신 하느님,

　그 위에 사는 백성에게 입김을 넣어 주시고

　거기 움직이는 것들에게 숨결을 주시는

　하느님 야훼께서 이렇게 말씀하신다.

　'나, 야훼가 너를 부른다.

　정의를 세우라고 너를 부른다.

　내가 너의 손을 잡아 지켜 주고

　너를 세워 인류와 계약을 맺으니

　너는 만국의 빛이 되어라.

　소경들의 눈을 열어 주고

　감옥에 묶여 있는 이들을 풀어 주고

　캄캄한 영창 속에 갇혀 있는 이들을 놓아 주어라."

　모든 생명체를 창조하신 창조주는 이 고난의 종을 통하여 온 인류와 계약을 맺으신다. 인류 사회에 정의를 세우고 만국의 참된 빛이 되라고 그를 부르신다. 탐욕과 권력욕에 사로잡힌 자들로 말미암아 감옥에 묶여 있는 자들을 풀어주고 캄캄한 영창 속에 있는 자들을 풀어주어 땅 위에 환희가 차 넘치게 한다. 그는 결코 이스라엘 백성들만을 사랑하시는 좁고 편벽한 분이 아니시라는 것이다.

　"전에 말한 일들은 이미 이루어졌다.

　이제 새로 될 일을 내가 미리 알려 준다.

싹도 트기 전에

너희의 귀에 들려 준다."(사 42:9)

"전에 말한 일들은 이미 이루어졌다."는 선언은 제2 이사야가 말한 바와 같다. 그러나 "이제 새로 될 일을 내가 미리 알려 준다."는 말씀은 제2 이사야가 말한 바와는 완전히 다르다. 이는 예루살렘과 다윗 왕조의 재건이 아니다. 온 인류가 서로 축복을 하면서 사는 새 내일이다.

(2) 둘째 노래(사 49:1-6)

둘째 노래는 그가 어떻게 만방에 구원을 전할 증인으로 선택을 받았고 훈련을 받았는지를 알린다.

"바닷가에 사는 주민들아, 내 말을 들어라.
먼 곳에 사는 부족들아, 정신차려 들어라.
야훼께서 태중에 있는 나를 이미 부르셨고
내가 어머니의 뱃속에 있을 때에 이미 이름을 지어 주셨다."

그는 모태에서 태어나기 전부터 땅 끝에 사는 고난 받는 이방인들을 위해 일을 하라고 부름을 받았다. 엘리야가 고백한 것과 같다. 그것은 애굽에서 종노릇을 하던 때부터이다. 이집트에서 노예 생활을 하는 히브리인들을 온 인류의 평화를 위해 부르셨다. 노예로 수백 년 동안 고난을 받은 자만이 하느님과 영이 통하여 정의롭고 평화로운 세상을 만들 수 있다는 것이다. 깊고도 오묘한 진리다. 이 같은 진리란 악한 강자들로 말미암아 영창에 갇혔던 사람만이 깨달을 수 있는 진리다.

> "내 입을 칼처럼 날세우셨고
> 당신의 손 그늘에 나를 숨겨 주셨다.
> 날카로운 화살처럼 나를 벼리시어
> 당신의 화살통에 꽂아 두시고
> 나에게 말씀하셨다.
> '너는 나의 종, 너에게서 나의 영광이 빛나리라.'"

야훼는 갖가지 시련을 통해서 악을 악으로 보고 새 내일을 어떻게 이룰 것인지 하는 진리를 명확히 깨닫게 하시어 아무도 모르게 잘 보호해주신다. 그렇다. 이 같은 놀라운 진리란 높은 보좌에 앉아서 찬양을 받는 자나 세상 지식을 다 안다고 호언을 하는 학자들에게서 나오지 않는다. 아무도 모르게 묵묵히 고난의 길을 걸은 고난의 종을 통해서 나온다. 그만이 야훼의 영광을 빛나게 한다.

> "그러나 나는 생각하였다.
> '나는 헛수고만 하였다.
> 공연히 힘만 빼었다.'

　　그런데도 야훼만은 나를 바로 알아 주시고
　　나의 하느님만은 나의 품삯을 셈해 주신다."

　그동안 히브리인의 후손들은 이것을 알지 못하고 불평만을 하고 있었다. 이제 때가 이르러 참된 보람을 느끼게 해주신다.

　　"나를 태중에 지어 당신의 종으로 삼으신
　　야훼께서 이제 말씀하신다.
　　'네가 나의 종으로서 할 일은
　　야곱의 지파들을 다시 일으키고
　　살아 남은 이스라엘 사람을 돌아 오게 하는 것으로 그치지 않는다.
　　나는 너를 만국의 빛으로 세운다.
　　너는 땅 끝까지 나의 구원이 이르게 하여라.'"

　이 마지막 구절에서 그는 야훼의 뜻을 명확히 말한다. 그가 시키시는 일이란 이스라엘 해방에 국한되지 않고 땅 끝까지 이르러 구원의 도를 전하게 하는 것이다. 이렇게 두 가지가 예거될 때 언제나 그 강조점은 두 번째 예거된 것이다. 다시 말해서 이 고난의 종을 이렇게 세우신 것은 땅 끝까지 야훼의 구원을 전하게 하는 것이라는 것이다. 물론 이에는 이스라엘 사람들도 포함이 된다.

(3) 셋째 노래(사 50:4-9)

이 노래는 옳은 일을 하다가 감방에 사로잡혀 심판을 기다리는 죄수의 노래다. 그는 틀림없이 동족의 새 내일을 위하여 고레스 왕과 내통을 하다가 투옥된 것이리라. 그가 갇힌 바빌론의 감방에는 많은 약소국들의 정치범들이 한데 엉켜 있었다. 틀림없이 그들은 약소민족임을 한탄하고 있었으리라. 그 약소민족의 정치범들에게 이 고난의 종은 히브리인을 건지신 약자들의 하느님 야훼에 대하여 증언하였으리라. 그것이 그들에게 새로운 소망을 주는 경험을 하면서 감격했음에 틀림이 없다. 이 시는 바로 그것을 노래한다.

"주 야훼께서 나에게 말솜씨를 익혀 주시며
고달픈 자를 격려할 줄 알게 다정한 말을 가르쳐 주신다.
아침마다 내 귀를 일깨워 주시어
배우는 마음으로 듣게 하신다.
주 야훼께서 나의 귀를 열어 주시니
나는 거역하지도 아니하고 꽁무니를 빼지도 아니한다.
나는 때리는 자들에게 등을 맡기며
수염을 뽑는 자들에게 턱을 내민다."

그는 악한 자들에게 사로잡혀서 매를 맞고 수모를 당하고 있다. 그런데 그는 아침에 일어날 때마다 실망에 빠져 있는 다른 죄수들을 깨우칠 말들을 배워 그들을 격려할 수 있게 된다. 틀림없이 떠돌이들을 돌보시는 야훼 하느님에게 관한 이야기들이리라. 그것이 동료 죄수들에게 무한한 소망을 주었으리라. 이것이 너무나 감격스러워 그는 때리는 자들에게 등을 맡기며, 수염을 뽑는 자들에게 턱을 내민다.

"하느님께서 나의 죄없음을 알아 주시고 옆에 계시는데,
누가 나를 걸어 송사하랴? 법정으로 가자. 누가 나와 시비를 가리려느냐?
겨루어 보자.
주 야훼께서 이렇게 나를 도와 주시는데
누가 감히 나를 그르다고 하느냐?
그들은 모두 낡은 옷처럼 좀이 쓸어 삭아 떨어지리라."

그는 담담한 심정으로 고난을 당한다. 약자를 위하시는 하느님이 그의 편이시기에 승리할 것을 확신하기 때문이다. 큰 소리를 치는 저들이 오히려 낡은 옷처럼 좀이 들어 삭아 떨어질 것이라 본 떠돌이들을 돌보시는 야훼 하느님이 이기실 것을 믿기 때문이다. 감탄할 수밖에 없는 고백이다.

(4) 넷째 노래(사 52:13-53:12)

이 노래는 야훼의 종이 받는 참혹한 고난을 묘사한다. 그와 같은 고난이 무관심한 방관자들까지 깨우쳐 그의 편으로 돌아서게 할 거라고 밝힌다. 52장 13절에서 15절까지에 있는 시의 서곡이 명확히 말한다.

"이제 나의 종은 할 일을 다 하였으니,
높이높이 솟아 오르리라.
무리가 그를 보고 기막혀 했었지.
그의 몰골은 망가져 사람이라고 할 수가 없었고
인간의 모습은 찾아 볼 수가 없었다.
이제 만방은 그를 보고 놀라지 않을 수 없고
제왕들조차 그 앞에서 입을 가리우리라.
이런 일은 일찌기 눈으로 본 사람도 없고
귀로 들어 본 사람도 없다."

이 서론은 역사 속에서 떠돌이들에게 일어난 일이 아무도 들어보지도 믿을 수도 없는 일이라 한다. 시인은 이렇게 노래한다.
시 첫 대목에 차마 눈을 뜨고 볼 수 없는 비참한 종의 모습을 그린다.

"그는 메마른 땅에 뿌리를 박고
가까스로 돋아난 햇순이라고나 할까?

늠름한 풍채도, 멋진 모습도 그에게는 없었다.

눈길을 끌 만한 볼품도 없었다.

사람들에게 멸시를 당하고 퇴박을 맞았다.

그는 고통을 겪고 병고를 아는 사람,

사람들이 얼굴을 가리우고 피해 갈 만큼

멸시만 당하였으므로 우리도

덩달아 그를 업신여겼다.”

이렇게 그를 업신여기던 무리들이 갑자기 이렇게 중얼거린다.

“그를 찌른 것은 우리의 반역죄요,

그를 으스러뜨린 것은 우리의 악행이었다.

그 몸에 채찍을 맞음으로 우리를 성하게 해 주었고

그 몸에 상처를 입음으로 우리의 병을 고쳐 주었구나.

우리 모두 양처럼 길을 잃고 헤매며

제 멋대로들 놀아났지만,

야훼께서 우리 모두의 죄악을 그에게 지우셨구나.”

놀라운 사건이다. 그 밑바닥 떠돌이들의 처참한 고생이 무슨 죄 때문일까 생각했다. 그 처참한 모습을 반추하면서 곰곰이 생각을 해보니 그와 같은 참극은 그들 자신이 탐욕에 사로잡혀서 제 앞만을 보고 살아왔기 때문이라는 것을 깨닫게 된다. 사실 그렇다. 사회에서 일어나는 갖가지 참극이란 가진 자들의 탐욕과 이로 말미암는 잔악한 행위다. 따라서 그들의 참상이 사회의 잔악함을 폭로하게 된다. 생각 없이 그들을 조롱하던 무리들이 자신들이 악의 편에 서 있었다는 것을 깨닫고 돌아서서 그들의 편이 된다는 말이다.

그리고 시인은 고난의 종이 그 참혹한 고난을 묵묵히 받아들이는 모습을 그린다.

"그는 온갖 굴욕을 받으면서도
입 한번 열지 않고 참았다.
도살장으로 끌려 가는 어린 양처럼
가만히 서서 털을 깎이는 어미 양처럼
결코 입을 열지 않았다."

이 고난의 종이 묵묵히 고난을 받은 것은 그를 보는 방관자들이 떳떳한 하느님 나라 시민이 될 것을 알기 때문이다. 실제로 그들이 이 고난의 종의 편이 된다.

이 고난의 종은 도대체 누구인가? 땅 끝까지 하느님의 구원의 도를 깨우칠 자들이란 바빌론에 끌려와서 고난을 겪는 떠돌이들이다. 그들이 겪는 참혹한 고난을 통해서 자기만을 위해 살던 무지막지하던 사람들까지 그들의 죄악을 깨닫고 떠돌이들과 함께 새 내일을 창출하게 된다. 그들이야말로 새 역사 창출의 주역이 된다. 그것을 알기에 떠돌이들은 그 쓰라린 고난의 길을 묵묵히 걷는다. 아무도 떠돌이들을 통해

서 새 내일이 창출되리라고 생각한 일이 없다고 시인은 말한다. 이때
까지 새 내일의 주인공은 다윗의 후예에서 나오는 메시아라고 생각을
했었다. 그러나 이 시인들은 쓰라린 경험을 통해서 해방하시는 야훼 하
느님의 뜻이 고난 받는 종들을 통해서 이방인들에게 전달되는 것을 경
험한다. 이 경험을 통한 깨달음을 전하기에 이 시를 읽는 자들의 마음
에 큰 감동을 준다.

고난의 종이 외친 메시지를 정리하면 다음과 같다.

1) 야훼 하느님이 역사의 주로 떠돌이들의 고난을 통해서 새 날이
동트게 한다.

2) 이를 위해서 야훼 하느님은 떠돌이들로 하여금 모든 우상은 허깨
비요 그를 섬기는 강자들이란 다 비겁한 자들임을 깨닫게 한다.

3) 동시에 참된 신이란 앞으로 될 일을 밝히시고 그대로 행하시는
역사의 야훼 하느님뿐임을 깨닫게 하신다. 그만이 유일한 신으로 생명
을 창조하고 역사를 주관하시는 분임도 깨닫게 하신다. 따라서 고난을
당해도 두려워하지 않는다.

4) 하느님은 이스라엘 백성의 하느님만이 아니다. 온 인류를 돌보시
는 하느님으로 그의 구원을 땅 끝에 사는 사람들에게까지 전하는 정의
로운 분이시다.

5) 하느님은 새 내일 창출을 권좌에 앉은 자들이 아니라 고생하는
떠돌이들을 통해서 하심을 밝히셨다. 이를 위해서 애굽에서 종살이를

하던 이스라엘 백성들을 선택했다. 바빌론에 와서 겪는 고생살이를 통해서 그의 구원을 땅 끝까지 전하도록 깨우치신다는 것도 깨달았다.

6) 그들의 비참한 고난을 묵묵히 당하는 면면은 그들을 비웃던 방관자들까지 깨우치시어 구원의 길로 인도하신다는 것도 깨달았다.

7) 이 모든 것을 쓰라린 경험을 통해서 깨달았다.

그러나 위에서도 언급한 대로 이 같은 깨달음은 아직도 소수의 선각자에 국한되어 있다. 이것이 집단적인 각과 단으로 발전되어야 한다. 이는 갈릴리 청년 예수의 고난의 삶을 통하여 널리 널리 퍼지게 된다. 우리는 역사를 통하여 이런 고난의 종들을 목격한다. 근대에 와서 우리는 그런 고난의 종을 최제우, 전태일, 마틴 루터 킹 들에게서 본다.

다섯째 마당의 정리

이스라엘 백성들이 여전히 다윗 전통이 조성한 바벨탑의 그림자에서 깨어나지 못하고 있을 때 새벽의 여명을 본 이들이 있었다. 그들은 하느님이 이방 도시 니느웨를 용서하시는 것을 보고 분노하여 야훼에게 죽여 달라고 하는 어처구니없는 요나의 모습을 폭로한다. 모압 여인 룻의 아름다운 심정을 노래한 이야기꾼들과 하느님은 이방인들도 꼭 같이 사랑하신다는 시를 쓴 시인들이다. 그들은 모두 생명의 소중함을 알고 하느님은 고난을 받는 이들을 통하여 새 내일을 창출하신다는 출애굽 정신을 이어받은 자들이다. 이렇게 출애굽의 원형이 싹트기 시작한 것은 새 내일의 여명이 동트기 시작한다는 계명성임에 틀림이 없다.

구약 전체의 두 흐름

구약에 기록된 히브리인들의 역사의 핵은 창세기 2장에서 11장에 있는 원역사에 암시되었다. 하나님이 빚어 만든 인간은 흙으로 된 육과 그 안에 내재해 있는 하나님의 영으로 구성되었다는 것이다. 그 육은 각자위심으로 말미암아 거듭 힘의 횡포를 일삼는 바벨탑을 쌓는다는 것이다. 그 결과로 부평초와도 같은 떠돌이들을 양산한다는 것이다. 아브라함이 그런 떠돌이들의 상징적인 대표라는 것이다.

그런 떠돌이들이 스스로 신이라고 하는 탐욕에 사로잡힌 강자들이 조성한 바벨탑에서 노예가 되어 갖은 고생을 한다는 것이다. 이집트 왕국도 그렇고 야훼를 수호신으로 만든 다윗 왕조도 마찬가지로 바벨탑을 조성하여 그들의 탐욕을 채우고 수많은 떠돌이들을 양산했다는 것이다.

이렇게 고난을 당하는 떠돌이들은 얼마 동안은 존명을 위하여 그 바벨탑 문화에 적응을 하려고 하나 때가 흐르면서 그들 속에 있는 하나님의 영은 우후죽순처럼 몸부림을 치면서 아우성치기 시작한다. 나도 사람이라고. 내 생명도 소중하다고. 그들도 당당한 인간으로 살 권리를 주장한다.

그러나 이와 같은 각이 모두에게서 동시적으로 일어나지 않는다. 떠돌이들의 뿌리에서 태어났으나 다소 삶의 여유가 있는 자들 사이에서 먼저 이런 각이 일어난다. 모세가 그런 사람의 대표다. 호세아나 예레미야 같은 예언자들이 그런 자들이다. 그러나 그렇게 각을 한 사람 몇몇 가지고는 새 내일이 창출되지 않는다. 하늘에 별처럼, 땅에 모래처럼 많은 떠돌이들이 집단적으로 각을 하여 아우성을 쳐야 한다. 그래야 새 역사가 창출된다. 새 내일을 경륜하시는 야훼 하느님도 이와 같은 집단적인 각이 이룩되기를 기다리신다. 출애굽의 경우는 40년이라는 세월이 걸렸다고 기록되어 있다.

다윗 왕조의 경우는 900여년이라는 세월이 흘렀다. 바벨론에 패망한 다윗 왕조에 대한 미련을 끊지 못하는 자들이 선민 사사상과 메시아 사상을 조성하여 끈질기게 다윗 왕조 회복을 꿈꾸었기 때문이다. 그러나 출애굽 전통이 엘리야, 아모스, 호세아 그리고 예레미야, 에스겔 같은 예언자들을 통해서 그 명맥이 되살아난다. 바벨론에 가서 고생을 하는 동안 이 출애굽의 정신이 여호와의 종들의 노래나 룻기나 요나서의 작가들을 통해서 다시 피어오르기 시작했다. 갈릴리 청년 예수는 이 출애굽 정신의 뿌리에서 태어난 새벽별이라고 볼 수 있다.

바벨탑과
갈릴리
탈출공동체

예수님의 하신 일을 이해하려면 먼저 그가 생명 공동체를 창출한 그 시대의 실상을 알아야 한다. 우리는 하스몬 왕가의 이야기부터 시작해야 한다.

휘몰아치는 돌풍처럼 중동 일대를 정복했던 알렉산더 대왕이 죽은 뒤(BC 332-301) 헬라 제국은 알렉산더 대왕의 부하 네 사람에 의해 나누어진다. 그중 이집트를 맡았던 프톨레미와 시리아 지방을 맡았던 셀루커스가 유대인들을 번갈아 지배했다. 셀루커스의 안티오쿠스 4세가 등극하면서(BC 175-164) 유대 지방에는 헬라화 운동이 기세를 올렸다. 안티오쿠스 4세는 예루살렘에 군 통수 본부를 설치하고 성전 안에 제우스 상을 세우고 경배를 강요하면서 헬라화를 조장했다.

북쪽 모데인이라는 고장에서 안티오쿠스 4세를 위한 축제를 개최했다. 이에 반발을 한 마따디아라는 사제와 그의 다섯 아들이 주도하는 반란이 일어났다. 이 운동에 수많은 유대인들이 가담하여 기세를 올렸다. 저들은 먼저 예루살렘을 점령하고(주전 164년) 다윗이 점령했던 땅을 다 회복하고 하스몬 왕가를 이룩했다.

그러나 그들도 권력 남용으로 백성들을 괴롭히고 헬라 문화를 채택해 다윗 왕조의 전철을 그대로 밟았다. 다윗 왕조가 세웠던 바벨탑을 재건한 것이다. 하스몬 왕가의 말년에 히르카누스와 아리스토불루스가 정권 투쟁을 벌였다. 약세로 밀린 히르카누스가 유대인 저항 세력을 진압하려고 진격해오는 로마군에게 예루살렘 성문을 열어줬다. 그 공로로 명예뿐인 대사제직을 받는다. 권력에 탐하는 자의 어처구니없는 배신이다.

그 후 헤롯 대왕의 수탈과 계속되는 로마 총독의 학정으로 유대인들은 비참한 삶을 살게 된다. 비옥한 갈릴리의 농토의 대부분은 헤롯왕을 위시한 도시 기득권자들의 소유가 되고 실제 농사를 짓는 자들은 소작인이 아니면 날품팔이로 전락했다. 로마와 헤롯왕의 세금은 더 말할 것도 없고 지주들의 수탈은 물론 날로 늘어가는 인구와 잦은 흉년으로 농토를 떠나 떠돌이가 되는 자들이 날로 늘었다. 앞날이 캄캄한 상태로 떠돌이가 된 젊은이들은 흔히 열심당원이 되지 않으면 강도떼가 되어 두루 방황을 했다. 젊은 여성들은 창녀가 되고, 많은 무리들은 말단 세리가 되든지 아니면 날품팔이가 되었다. 거지 떼가 되어 문전걸식을 하는 자들도 늘어났다.

특히 갈릴리는 로마에 항거하는 독립 운동의 본거지가 되어 거듭 로마군의 학살을 받아야 했다. 예수님이 탄생하기 4년 전에 갈릴리의 풍

운아 유다가 주동한 반란군은 로마군의 병기고를 습격하여 전 유대 땅
에 일대 혼란을 일으켰다. 이 싸움의 과정에서 2000여 명이 나사렛 근
방 시포리스에서 십자가형으로 처형을 받았다.[40] 예수님이 나시기 2년
전이다. 예수님은 이 같은 참극에 대한 이야기를 들으면서 아픈 심정
으로 자랐다.

40 John Dominic Crossan: 『The Birth of Christianity』, Harper, Sanfransisco, Division
of Harper Colin Publisher, 1999, 145, 167

예수의 출신

예수님은 아버지 요셉이 목수였던 것으로 보아 목수였음에 틀림이 없다. 당시 수공업을 하는 자들은 농토에서 밀려나 빈민으로 여러 가지 수공업을 하면서 입에 풀칠을 했다.[41] 안전한 자리에서 밀려난 자들 가운데서 새 내일을 추구하는 자들이 나온다는 것이다. 예수님의 경우는 더욱 그렇다. 그는 물론 신성제국이라고 하면서 천하를 무력으로 억압하고 수탈하는 로마제국에 동조할 수가 없었다. 그렇다고 로마와 손을 잡고 자기들의 탐욕을 채우는 대사제를 중심으로 한 당시 유대교에 대하여서도 강한 반발을 느꼈다. 타락한 예루살렘의 종교 제도에 반발을 하여 은둔 생활을 하는 에세네 종족에도 동조할 수 없었다. 그렇다고 온몸을 던져 로마와 싸워 다윗의 메시아 왕국을 재건하려는 열심당

41 Crossan, John Dominic: Ibid., p.347

에도 동조할 수 없었다. 칼을 쓰는 자는 칼로 망할 것이 명확하기 때문이다. 발붙일 곳이 없는 그는 새 내일을 위한 길을 찾으려 일찍 가출을 한 것으로 보인다. 존명하려 눈치 보면서 사는 부모님 곁에 머물러 있을 수가 없었다. "부모와 형제를 나보다 더 사랑하는 자는 내 제자가 될 수 없다."라고 한 말을 보아도 짐작할 수 있다. Q 복음서에도 예수님이 말씀하시기를 "아버지와 어머니를 미워하지 않는 사람은 내 제자가 될 수 없다. 형제와 자매들을 미워하지 않는 자도 내 제자가 될 수 없다."라고 하셨다. 도마 복음서에는 "나처럼 부모와 형제들을 미워하지 않는 사람은 내 제자가 될 수 없다."라고 직설적으로 말씀하셨다고 기록되었다. 그리고 마가복음서 4:31-35절에 보면 어머니 마리아와 형제들이 찾아와서 그를 만나려고 하자 "누가 내 어머니요 내 형제들이냐?"라고 물으신 다음 둘러앉은 자들을 가리키면서 "이 사람들이 내 어머니요 내 형제들이다. 하느님의 뜻대로 사는 사람들이 내 어머니요 내 형제들이다."라고 말씀하셨다.

본래 감수성이 예민한 예수님은 어려서부터 그 주변에서 일어나는 강자들의 횡포와 이로 말미암는 참극들을 보면서 묻고 또 물었다. 농토를 잃고 목수 일을 하는 불안한 가정에서 자란 그는 '왜 이런 참극이 일어나는가? 그 원인은 무엇인가? 밀려난 떠돌이들에게는 아무 소망이 없는가? 예언자들은 무엇이라고 했는가?' 그리고 특히 '하느님을 섬기는 대사제들이나 율법학자들이 하는 역할이란 어떤 것인가?' 하고 끊임없이 반문했다. 이렇게 로마제국은 물론 그들이 신봉해왔던 유대교에도 강하게 반발하는 예수에게 존명을 하려고 애쓰는 부모들은 악한 세상을 보고 분노하는 아들이 걱정이 되었다. 그를 타이르려고 했다. 따라서 청년이 되면서 예수님은 부모의 집에서 탈출을 한 것으로 보인다. 당시 로마가 세포리스나 티베리아 같은 도시들을 세우면서 헬라화를 하고 상업화를 확산하는 풍토에서 농토에서 쫓겨난 무리들은 존명에 적지 않게 영향을 받았다.[42] 예수님은 이런 분위기에 반발하여 가출을 한 것으로 보인다.

이렇게 집을 떠난 그는 떠돌이들 사이에서 고난을 나누시면서 묻고 또 물었다. 찾고 또 찾았다. 그는 마침내 득도했다. 모세가 시내 산에서 하느님과 만난 것처럼 하느님과 기화하셨다. 무엇이 이런 참극을 초래하는지, 모두가 추구해야 하는 새 내일이 어떤 것인지, 그곳으로 가는 길은 어떤 것인지를 깨달았다. 그리고 그 새 내일이란 그 모두가 가는 그 길과는 획기적으로 다른 것이다.

그는 그 이유를 이런 극적인 말로 설명한다.

"내가 세상에 평화를 주러 온 줄로 생각하지 말아라. 평화가 아니라 칼을 주러 왔다. 나는 아들은 아버지와 맞서고 딸은 어머니와, 며느리는 시어머니와 서로 맞서게 하려고 왔다."(마 10:34-35)

"내가 세상에 평화를 주려고 온 것으로 생각하느냐? 칼을 주려고 왔다. 내가 세상에 온 것은 아들과 아버지, 딸과 어머니, 며느리와 시어

머니가 분열되게 하려고 왔다."(Q 12:49, 51, 53)

유대교가 탐욕과 폭력으로 바벨탑을 쌓고 광란하는 로마와 대사제의 무리들은 하느님의 이름까지 오용하면서, 제국과 손을 잡고 자기 배만 채우고 있었다. 이런 상황에서 예수님의 가르침이란 칼로 끊는 듯한 획기적인 것이 아닐 수가 없었다. 이것은 이조 말 농토에서 쫓겨난 떠돌이들이 유리방황하던 시절에 그들 사이에 뛰어들어 새 내일을 추구했던 최제우가 "각자위심으로 타락할 대로 타락한 상원갑上元甲은 그 종말에 이르렀고 사인여천使人如天으로 신천지를 이룩할 하원갑下元甲이 곧 이른다."고 말한 바와 상통한다.

떠돌이가 되어 새 내일을 추구한 예수님은 모세5경에 대한 지식도 이미 소유했음에 틀림없다. 저명한 유대인 학자인 클라우스너는 예수님 당시 크고 작은 부락의 수공업자들, 상인들, 사제들, 관원들 중 모세5경에 대하여 풍부한 지식을 가진 자들이 많았다고 말한다. 회당, 심지어 저자거리에서까지 모세5경을 읽고 가르쳤다.[43] 최제우의 경우도 그렇다. 그 역시 아버지에게서 유학을 습득했던 것이다. 서자이었기에 선비로 출세를 하지 못한 것뿐이었다. 득도를 한 예수님은 제자들에게 "구하라 주실 것이요, 찾아보아라 만날 것이요, 문을 두드리라 열어주실 것이다."라고 가르치셨다. 최제우도 그렇게 도를 찾아 헤매다가 고

---

43 Joseph Klausner: 『Jesus of Nazareth』, His Life, Times and Teaching, The Macmillan Co. New York, 1928, p.194

향에 돌아와 하느님과 죽기를 각오하고 승강이를 하다가 사인여천의

득도를 했다.

향에 돌아와 하느님과 죽기를 각오하고 승강이를 하다가 사인여천의

득도를 했다.

예수가 이긴 시험들

떠돌이들과 고락을 같이 하시던 예수님은 세례자 요한이 요르단 강에서 "때가 이르렀다, 회개하고 세례를 받으라."고 외치자 수없이 많은 사람들이 모여드는 것을 보았다. 때가 이르렀다고 보신 것이다. 그는 이 운동에 가담하시려고 그에게 세례를 받으셨다.

마르코 복음서에 보면 예수님이 세례자 요한에게 세례를 받고 물에서 나오자 하늘에서 "너는 내 사랑하는 아들, 내 마음에 드는 아들이다."(막 1:11)라는 음성이 들린다. 모세가 시내산 불꽃 속에서 하느님의 음성을 들었다는 사건에 대비된 말이다. 모세가 바로가 세운 바벨탑에서 히브리인들을 탈출시킨 것처럼 하느님은 로마와 타락한 유대교가 세운 바벨탑에서 떠돌이들을 탈출시키시기 위해서 예수님을 선택하셨다. 마르코 복음서는 예수님이 모세의 전통을 이어받아 새로운 탈출 공동체를 이룩하심을 9장의 변화산 사건에서도 암시한다. 예수님이 베드로, 요한, 야고보를 데리고 높은 산으로 올라가시자 "예수님의 모습이 그들 앞에서 변하고 그 옷은 세상의 어떤 마전장이도 그보다 더 희게 할 수 없을 만큼 새하얗고 눈부시게 빛났다. 그런데 그 자리에는 엘리야와 모세가 함께 나타나서 예수와 이야기 하고 있었다."(막 9:2b-4)라고 기록되어 있다.

마르코 복음서에 보면 예수님이 요한에게 세례를 받으신 후에 성령이 예수를 광야로 보내셨다고 기록되어 있다. 예수님께서는 "40일 동안 그곳에 계시면서 사탄에게 유혹을 받으셨다."(막 1:12-3) 하느님 나라 운동을 할 사람은 일단 사탄이 주는 시험을 이겨야 한다는 것이다. 이 세상 영웅호걸들이 겪는 유혹을 물리쳐야 한다. 그래서 성령이 그를 광야로 보내셨다. 새 내일 운동을 하려면 먼저 바벨탑의 악의 뿌리를 밝히고 이를 물리쳐야 한다. 사탄은 언제나 하느님의 뜻에 따라서 새 내일을 열려고 하는 자를 시험하기 때문이다. 창조 신화에서 사탄이 아담과 하와를 시험해서 악이 주관하는 바벨탑을 이룩했다. 출애굽 공동체도 바로 왕이 세운 바벨탑의 악 열 가지를 명확히 보고 이를 거부하는 계약을 맺었다. 이제 예수님은 다윗과 로마제국이 세운 바벨탑 악의 뿌리를 명확히 보고 이를 물리쳐야 한다. 그래야 정의와 평화가 차 넘치는 생명 공동체를 이룩할 수가 있다. 그래서 성령이 그를 광야로 인도했다.

마르코 복음서에는 예수님이 40일 동안 광야에 계시면서 사탄에게 시험을 받았다고만 기록이 되어 있다. 마태복음서와 누가복음서에 세 가지 시험의 내용이 기록되어 있다. 물론 그 두 복음서에 기록된 것이

문자 그대로 예수님이 받으신 시험이라고 생각할 수는 없다. 이것은 Q 문서가 정리한 전통이다. 이 Q 문서도 그대로 역사적인 사실이라고 보기는 힘들다. 후에 교회의 서기관들이 예수님의 삶과 구약 역사를 참작하여 기록했을 것으로 보인다. 어떤 학자는 예수님이 이 이야기를 제자들에게 했을지도 모른다고 생각하기도 한다. 예수님은 선교 초부터 그가 이룩할 새 내일에 대하여 깊이 생각하고 동시에 그가 거부해야 할 악을 명확히 보고 물리치실 뿐만 아니라 이에 대치되는 생명 공동체를 이룩하셨다.[44] 제자들에게도 이 사탄의 시험에 넘어가지 말라고 타일렀음에 틀림이 없다.

예수님은 광야 금식 기도를 하면서 앞으로 해야 할 일을 추구한 것은 모세가 미디안 광야에 가서 40년 동안 고행을 하면서 하느님의 뜻을 찾은 것과도 맞먹는다. 그 40년 동안 모세는 애굽에서 히브리인들이 겪는 악을 열 가지로 정리했다. 예수님도 다윗 왕을 위시해서 이스라엘 백성들이 오랫동안 겪은 악들의 핵심을 세 가지로 정리했다. 사실 예수님 당시 로마와 손을 잡고 예루살렘에 앉아 약자들을 수탈하는 무리들도 다 이 세 가지 시험에 넘어갔다. 그가 사신 삶을 정리해 보아도 그가 대결한 악이란 바로 이 세 가지 악을 거부하고 이에 대치되는 새 내일을 창출하신 것이다.

예수님이 받으신 시험의 순서는 마태복음서와 누가복음서에서 다르게 기록되어 있다. 둘째와 셋째 시험의 순서가 뒤바뀌어 있다. 여기에

---

44 J. D. Crossan : op.cit. p.326

서는 마태복음서의 순서에 따른다. 마태복음서에 따르면 앞선 두 시험은 "네가 하느님의 아들이면은" 하는 말로 시작된다. 이 두 시험을 예수님이 정면으로 부정하자 사탄은 성서의 말을 빼고 단도직입적으로 그와 대결했다.

(1) 첫째 시험

"당신이 하느님의 아들이거든 이 돌더러 빵이 되라고 해 보시오."
(마 4:3)

굶주린 자들에게는 무엇보다도 빵이 중요하다. 사실 육체를 가진 자들의 제 일차 관심사란 물질이다. 물질이 풍성하면 모두 행복할 것이요, 모두 물질을 풍부하게 제공하는 자를 메시아로 모실 것이 아니냐는 것이다. 야훼 하느님도 아브라함이 떠돌이로 돌아다닐 때에 그에게 필요한 땅을 약속하시지 않았는가. 약속된 가나안 복지로 가는 도중 광야에서 먹을 것이 없어 아우성을 치는 출애굽 공동체에 만나와 석청을 주시지 않았는가! 사람들에게 육체를 주셨다면 그 육체를 보살피기 위해서는 물질을 주시는 것은 너무나 당연하지 않은가? 그 물질이란 많을수록 더 큰 축복이 될 것이다. 그대가 하느님의 아들이거든 이 광야에 널려있는 돌들이 떡이 되게 하라. 그러면 모두 그대의 뒤를 따를 것이다.

육체를 가진 인간은 물질이 필요하다. 그래서 하느님은 아담과 하와에게 에덴동산을 주셨다. 떠돌이 아브라함에게 땅을 약속하셨다. 사람이란 땅을 갈아 거기에서 나오는 곡식을 먹고 포도주를 마셔야 한다. 의식주에 관한 모든 것을 만들어 삶을 즐겨야 한다. 하느님이 주신 자연을 활용하여 삶을 영위할 때 그는 주체적인 존재가 되어 하느님께 찬양을 올릴 수가 있다.

그러나 물질을 많이 생산한다고 해서 하느님께 영광을 돌리는 삶의 주체가 되는 것이 아니다. 유대 땅의 곡창이라고 하는 갈릴리에 풍년이 계속된다고 해도 여전히 빈곤에 시달리는 농민들을 예수님은 보았다. 농민들은 피땀을 흘려서 농사를 했으나, 그 땅과 농작물의 주인이 아니었다. 그 땅과 소출의 주인은 도시 기득권자들이었다. 농민들은 그들의 노예나 다름이 없었다. 노예보다 더 불행한 자들이었다. 그들은 언제 농토에서 쫓겨나 떠돌이가 될지 모르는 신세였다. 실제로 수많은 농민들이 농토에서 쫓겨나 떠돌이가 되었다. 젊은이들은 열심당원이 아니면 강도떼가 되었다. 젊은 여성들은 몸을 파는 여성이 되었다. 그리고 많은 사람은 유대인들이 천시하는 말단 세리가 되던지 부정하다고 하는 수공업을 했다. 이것도 저것도 할 수 없는 자들은 거지 떼가 되어 거리를 방황했다. 하느님이 그들에게도 땅을 주셨는데 그들은 땅에서 쫓겨나 목자 없는 양처럼 헤매었다. 예수는 이런 모습을 보면서 자랐기에 요단 강 가의 돌들이 떡이 된다고 해서 문제가 해결되는 것이 아니라는 것을 아셨다.

그래서 예수님은 "성서에 사람이 빵으로만 사는 것이 아니라 하느님의 입에서 나오는 모든 말씀으로 살리라." 하고 대답하셨다. 사람에게 빵이 필요하다는 것을 그는 인정하셨다. 그래야 육체의 생명이 유지된다. 그러나 그것만으로 삶에 축복이 있는 것이 아니다. 하느님의 입에서 나오는 말씀에 따라야 참된 축복이 있다는 것이다.

하느님의 입에서 나오는 말씀의 핵이란 무엇인가? 첫째로 사람은 누구나 땅의 주인이라는 것이다. 누구나 땅을 소유하고 땅에서 나는 소출을 먹고 땅에서 나는 것을 이용하여 의식주의 문제를 해결해야 한다는 것이다. 그래서 아브라함에게 땅을 주시겠다고 약속을 하신 것이다. 바로 왕 밑에서 노예가 된 히브리인들에게 가나안 땅을 주신 것이다. 십계명에 보아도 부모님을 통해서 전달된 하느님의 말씀에 따르면 "하느님이 주신 땅에서 오래 살 것이다."라고 약속을 하신 것이다. 그리고 이사야서 65장 21절에 보면 마지막 날 하느님은 이스라엘 백성들이 제 손으로 지은 집에 살겠고 제 손으로 가꾼 포도를 따 먹을 것이라고 했다.(이사 62:8-9) 에스겔 선지도 이스라엘 백성들이 오래 고생한 뒤 깨닫고 돌아오면 그들 마음에서 돌 같은 마음을 도려내고 살 같은 마음을 주겠다고 했다. 그러면 그들이 하느님의 뜻을 명확히 알아 그대로 지킬 것이요, 그렇게 되면 "내가 너희 조상에게 준 땅에서 살면서 나의 백성이 될 것이요, 나는 너희의 하느님이 될 것이다."라고 약속했다.(겔 36:28) 하느님의 궁극적인 경륜이란 그의 뜻을 따라 사는 자들이 그가 주신 땅을 가꾸며 스스로 먹고 입고 사는 것의 주체가 된다는 것이다.

이와 같은 하느님의 뜻이 이룩되려면 하느님의 뜻에 따라서 살아야 한다. 하느님의 뜻이란 예수님에게 영생의 길을 물었던 율법학자가 말한 "네 마음을 다하고 네 목숨을 다하고 네 힘을 다하고 네 생각을 다하여 네 하느님을 사랑하여라. 그리고 네 이웃을 네 몸 같이 사랑하라."라는 것이다. 이웃을 사랑하여 가진 것을 서로 나누어 인정 공동체를 이룩할 때 삶의 기쁨과 보람을 느낀다는 것이다. 다윗 왕 이래로 유대 나라의 기득권을 가진 자들이 힘으로 자기 배만 채우면서 살았을 때 사회가 패망으로 치달았던 것을 예수님은 명확히 보신 것이다. 이 탐욕이야말로 바벨탑이 상징하는 첫 번째 악이다. 인류 사회에서 제거해야 할 첫째 악이 바로 탐욕이다. 동시에 이웃을 자기 몸처럼 사랑하는 삶을 살 때, 삶의 주인이 되어 평화의 공동체를 이룩할 수 있을 것이다.

(2) 둘째 시험

악마는 예수를 거룩한 도시로 데리고 가서 성전 꼭대기에 세우고

"'당신이 하느님의 아들이거든 뛰어 내려 보시오. 성서에,
'하느님이 천사들을 시켜 너를 시중들게 하시리니
그들이 손으로 너를 받들어 너의 발이 돌에 부딪히지 않게 하시리라'
하지 않았소?' 하고 말하였다."

이 시험은 성전을 정점으로 한 유대교를 이용한 시험이다. 야훼를

모신 성전에서 뛰어내리는 놀라운 기적을 행함으로 유대교가 대망하는 메시아가 되라는 시험이다. 그러나 예수님은 "주님이신 너희 하느님을 떠보지 말라."라는 말로 이를 거부하셨다. 예수님에게 있어서 성전을 중심으로 하는 유대교를 오용하여 자기의 탐욕과 권력을 유지하는 것이야말로 용서받을 수 없는 죄악이라고 보았다. 다윗이 법궤를 예루살렘으로 모신 것부터 성전을 이용해 하느님을 그의 수호신으로 만들려고 한 것이었다. 이렇게 야훼의 법궤를 성전에 모시고 제사를 드림으로 스스로 야훼의 충성스런 종으로 자처하였으며, 야훼의 이름과 권위로 그가 하고 싶은 일들을 마음껏 했다. 그렇게 함으로 이스라엘 백성들이 패망의 길로 치닫게 되자 이들은 율법을 조문화하고 지켜서 하느님의 돌보심을 얻으려고 했다. 특히 그들은 안식일 법과 성결법을 엄밀히 지키고 이를 범하는 자들을 죄인 취급했다. 그리고 선민사상을 강조하여 할례 받지 않고 율법을 지키지 않는 이방 사람들을 하느님의 뜻에 역행하는 죄인으로 취급하여 상종하지 않았다.

이것은 일찍이 요시야 왕이 시도했던 일이다. 그러나 그들은 탐욕에 눈이 멀어 다윗 왕국이 세운 바벨탑을 여전히 추종했다. 그리고 성전에 제사를 드리고 율법의 조문을 지키면서도 동시에 마음에는 탐욕이 가득차서 자기 앞만을 챙기고 과부, 고아, 떠돌이들을 돌보지 않았다. 뿐만 아니라 가난하여 율법을 지키지 못하는 자들을 죄인 취급하여 사회에서 완전히 소외시켰다. 동시에 이방 사람들을 개들과 같은 천한 무리로 천대하였다. 야훼 하느님이 아브라함에게 주신 세 번째 축복, 곧 아브라함의 후손을 통하여 민족들이 서로 축복하면서 살 것이라고 한 약속은 완전히 어긋나고 말았다. 예수님 당시 예루살렘에 좌정하여 야훼 하느님께 제사를 드린다는 대사제를 비롯한 종교 지도자들이야말로 악의 주도자들이었다. 예수님은 저들을 하느님의 뜻에 역행하는 강도와 같은 자들이라고 질책을 하였다. 예수님은 악을 직시하시고 거부하셨다.

(3) 셋째 시험

사탄은 예수님을 높은 산 위로 데리고 올라가 세상 모든 나라와 그 영광을 보게 하면서 예수님이 자기 앞에 절을 하면 이 모든 것을 줄 것이라고 유혹했다. 성서의 말로 유혹하는 것이 아니라, 단도직입적으로 힘의 철학을 받아들이라는 것이다. 유대인들이 숭앙하는 다윗 왕, 그리고 지중해 연변을 힘으로 통치하는 로마제국의 황제 가이사를 위시한 모든 바벨탑 신봉자들의 뒤를 따르라는 것이다.

그러나 예수님은 "사탄아, 물러가라."고 호통을 치셨다. "성서에 '주님이신 너희 하느님만을 경배하고 그분만을 섬겨라' 하지 않았느냐?"라고 일거에 물리치셨다. 시내 산에서 맺은 계약의 첫 번째가, 천대받는 떠돌이들을 이집트에서 건져내신 사랑과 긍휼의 야훼 하느님 외에 다른 아무것도 섬기지 않기로 서약한 것이었다. 스스로를 절대자라고 하면서 힘을 오용하는 자들은 자신의 뜻을 위하여 바벨탑을 쌓고 백성들을 노예로 삼는 악마적인 존재이기 때문이다. 이집트의 바로 왕은 물론 다윗 왕을 위시해서 그 뒤를 따른 왕들은 다 그랬다. 이방 나라들도 꼭 같은 과오를 범하여 패망의 길로 치달았다. 따라서 야훼의 뜻을 안 예언자들은 왕들이 하는 행태를 규탄하고 야훼 하느님의 엄중한 심판을 선포했다.

힘의 철학에 사로잡힌 왕들은 돌아설 줄을 몰랐다. 나라가 위험에 직면하게 되자 다윗의 후예에서 메시아가 와서 다윗 왕국의 영광을 되찾기를 기대했다. 그러나 칼을 쓰는 자는 칼로 망한다는 것을 예수님은 명확히 보고 이를 거부하셨다. 이렇게 정의와 평화가 강처럼 흐르는 하느님 나라를 이룩하시려는 예수님은 인류를 패망의 길로 몰고 가는 바벨탑의 정체를 명확히 각을 하시고 이에 단을 내리신 것이다.

예수의 선교

(1) 갈릴리 청년 예수의 제1성

모래와 돌로 깔린 광야에서 40일 동안 금식하시면서 사탄의 시험을 물리치신 갈릴리 청년 예수는 세례자 요한이 잡혔다는 소식을 듣고 세례자 요한이 처형을 당한 갈릴리에 있는 가버나움에 가시어 그의 선교의 제 일 성을 외치셨다.

"회개하라. 하느님 나라가 목전에 도달했다."

"회개하라"라는 말은 가던 길에서 돌아서라는 것이다. 돌아서기만 하면 하느님 나라의 시민이 된다는 것이다. 가던 길이란 무엇을 말하는가? 그것은 탐욕을 추구하는 길, 탐욕을 채우기 위해 종교까지 오용하는 길, 힘의 철학을 신봉하는 길이다. 회개한다는 것은 곧 이런 길을 물리치는 일이다. 그리고 예수님의 뒤를 따르기로 결단하는 일이다.

"돌아서기만 하면 하느님 나라 시민이 된다."라는 말은 당시 유대인 들에게는 하늘과 땅이 뒤집히는 것과도 같은 선언이다. 유대인들은 하 느님 나라 시민이 되려면 할례를 받고 율법을 엄격히 지키고 정성껏 속 죄 제물을 야훼의 제단에 바쳐야 한다고 믿었다. 그런데 예수님은 가 던 길에서 돌아서기만 하면 하느님 나라에 들어간다는 것이다. 상상할 수도 없는 선언이다. 그러나 예수님은 탐욕의 길에서, 야훼의 이름을 오용하는 길에서, 힘의 철학을 따르는 길에서 돌아서기만 하면 하느님 나라에 들어간다는 것이다.

이것은 하느님에 대한 이해가 코페르니쿠스 식의 일대 변환을 한 것 이다. 율법주의자들에게 있어서 하느님은 분노하시는 엄하신 분으로 이해되었다. 율법을 어기는 자들은 엄격히 심판하시는 분으로 생각을 했었다. 그래서 경전을 읽다가 야훼의 이름이 나오면 야훼라고 읽지 못 하고 대신으로 "나의 주"라고 읽을 정도였다.

그러나 예수님이 이해한 하느님은 사랑의 아버지로, 죽음의 길로 가 던 아들이 돌아서기만 하면 기꺼이 받아주신다. 예수님이 말씀하신 탕 자의 비유가 바로 이런 의미이다. 둘째 아들이 자기의 욕망에 따라서 그릇된 길로 가다가 고난을 통하여 깨닫고 돌아오자 기다리고 있던 아 버지는 그를 껴안고 입을 맞추고 양과 염소를 잡아 이웃을 청하여 크 게 잔치를 벌였다. 그것이 예수가 이해한 하느님이다. 깨닫고 돌아오 는 것이 그가 바라는 전부라는 것이다.

예수님에게 있어서 하느님은 심판을 하시는 분이 아니시다. 깨닫고 돌아오기를 기다리시는 아버지이시다. 멸망하는 자들은 가던 길에서 돌아서지 않는다. 죽음에 이르는 바벨탑의 길에서 돌아서지 않기 때문이다. 하느님 나라 잔칫집 초대를 거부하기 때문이다. 예수님의 선교 원칙은 무리들로 하여금 깨닫고 돌아서기를 돕는 일이었다.

예수님이 예루살렘 중심의 종교인들을 찾아가시지 않고 갈릴리로 가신 까닭은 바로 여기에 있다. 율법을 지킨다는 거룩하다는 무리들은 스스로 의롭다고 생각을 하여 돌아서지 않는다. 영생을 찾아 예수님에게 왔던 부자 청년의 이야기가 이를 보여준다. 예수님이 그에게 가던 길에서 돌아서라고 하자 그는 머리를 떨어뜨리고 돌아갔다. 율법을 지킨다는 그가 가던 길에서 돌아선다는 것은 낙타가 바늘구멍으로 들어가는 것보다 힘든 것이다,

누가 돌아설 수가 있을 것인가? 돌아설 수 있는 자들은 바벨탑 문화에서 수탈당하고 추방당하는 한 맺힌 자들이다. 그들이 선하게 사는 것이 아니다. 그들의 마음은 미움과 복수심으로 가득 차 있다. "나도 저렇게 잘 살아 보았으면" 하는 욕망에 사로잡혀 있기도 했다. 그러나 그들은 길에서 돌아설 수 있다. 누가 와서 새 길을 보여주기만 하면 된다. 누가 와서 사랑으로 껴안아주면서 무엇이 그들을 비참하게 만들었고 생명에 이르는 길이 무엇인지를 깨우쳐주면 그들은 혼연히 일어서서 새 길로 들어설 수가 있는 것이다. 그래서 예수님은 예루살렘으로 가지 않고 갈릴리로 가신 것이다.

(2) 예수의 선교

예수님이 이루고자 한 선교 내용은 어떤 것인가? 그리고 어떻게 이를 이룩하셨는가?

예수님이 하신 일은 뜻이 하늘에서 이루어진 것 같이 땅 위에서도 이루어지는 생명 공동체를 만드는 것이었다. 예수님은 그것을 '하느님 나라'라고 부르셨다.

1. 물(物)의 공유

예수님이 첫째로 물리치신 시험은 많이 소유할수록 행복해진다는 물질주의다. 물질이란 몸을 위해서 절대적으로 필요한 것이다. 예수님은 일용할 양식에 대해 걱정할 필요가 없는 공동체를 이루고자 했다. 이것은 바벨탑의 문화를 주장하는 강자들이 물질을 독점하여, 압도적인 다수가 떠돌이가 되어 일용할 양식을 구할 수가 없어서 허덕이고 있을 때 이들을 기아에서 해방시키는 일이다. 그러기에 무엇보다도 먼저 그는 먹을 것을 나누어주는 운동을 벌이셨다. 그리고 더불어 식탁에 둘러앉아서 빵과 포도주를 나누는 전통을 세우셨다. 특히 사회에서 죄인이라고 천대를 받는 세리와 창녀들까지 초청하여 같이 음식을 나누셨다. 죄인 취급을 받는 세리 마태의 집에서 나눈 식탁이 그것이다. 난쟁이인 세리장 삭개오의 집에서 펼쳐진 잔치를 생각해보라. 거기에는 하느님 나라의 환희로 차 넘쳤다. 예수님이 보리떡 다섯 덩어리와 물고기 두 마리로 5000명을 먹였다는 설화도 이와 같은 예수님의 나눔의 정신을 표현하는 이야기다.

이것을 보고 당시 거룩하다고 하는 자들은 예수를 죄인과 세리들과 먹고 마시기를 좋아하는 자라고 비판했다. 그러자 예수님은 그들에게 자신은 수탈당하여 병든 자들을 위해서 오셨다고 응수하셨다.(막 2:13-17) 목자 없는 양처럼 떠돌아다니는 자들은 율법을 지킬 수가 없다. 바리사이파 사람들에게 그들은 죄인으로 보인다. 그러나 저들을 그렇게 만든 자는 바로 예루살렘을 중심으로 오클로스들을 억압하고 수탈하는 자들이다. 예수님은 그가 오신 것은 건강한 자들을 위해서가 아니라 병든 자들을 위해서 오신 것이라고 응수하셨다. 예수님이 가르치신 기도문에서도 모두가 일용할 양식에 걱정할 필요가 없는 사회를 이룩하는 것이 하느님 나라의 첫째 조건이라고 말하셨다. 따라서 그는 영생을 묻는 부자 청년에게 가진 것을 가난한 사람들에게 나누어 주고 그를 따르라고 말씀하셨다.(막 10:17-27, 눅 18:18-27) 그 청년이 예수님의 지시에 따랐더라면 하느님 나라의 잔치에 참여했을 것이다. 예수님은 한 미련한 부자의 이야기를 하시면서 자기만을 위해서 창고를 더 크게 짓는 것이 얼마나 미련한지도 깨우쳐주셨다.(눅 12:13-21) 그리고 보물을 하늘에 쌓아두라고 권하셨다.(Q 12:34, 마 6:19-21, 눅 12:34) 반면에 바리사이파 사람들을 보면서 겉으로는 거룩한 척 하지만 속에는 탐욕으로 가득 차 있다고 지적하셨다.(눅 11:42) 그는 채찍을 들고 성전에 들어가시어 대사제들을 강도의 무리라고 질책하셨다.(막 11:15-19)

예수님은 사랑을 강조하셨다. 이웃을 제 몸처럼 사랑하라고 타이르셨다.(막 12:28-31) 심지어 원수까지 사랑하라고 하셨다.(마 5:3-4) 그리고 서로 용서하기를 일흔 번씩 일곱 번이라도 하라고 가르치셨다.(마 18:21) 우리가 형제의 죄를 용서하지 않으면 하느님께서도 우리의 죄를 용서하시지 않을 것이라 하셨다.(마 18:25) 이렇게 하여 시기와 질투, 원한과 자포자기에 빠졌던 사람들을 거룩한 하느님 나라의 시민으로 재생시키셨다. 이들이 모여서 떡과 포도주를 나누는 것을 보시면서 하느님 나라가 임했다고 언명하셨다.(눅 17:21) "세리와 죄인이 먼저 하느님 나라에 들어가고 있다."고 선언을 하셨다.(마 21:31)

2. 타락한 유대교를 배격

두 번째로 예수님은 빗나간 유대교를 배격하셨다. 예수님은 떠돌이들을 괴롭히는 율법의 조목들과 율법을 지킨다고 으스대는 바리사이파 사람들의 외식을 완전히 부수어 버렸다. 제자들이 배가 고파 안식일에 곡식 이삭을 따 먹는 것을 보고 바리사이파 사람들이 비방하자 예수님은 "사람이 안식일을 위해서 있는 것이 아니라 안식일이 사람을 위해서 있는 것"이라고 반박하셨다.(막 2:23-28) 그는 또 안식일에 성전 안에서 손이 곱은 자를 고쳐주시면서 "안식일에 좋은 일을 해야 한다."라고 하셨다.(막 3:1-6) 예수님의 제자들이 식사하기 전에 손을 씻지 않고 식사를 하는 것을 보고 바리사이파 사람들이 문제를 삼자 예수님은 "사람의 속으로 들어가는 것이 사람을 더럽히는 것이 아니라 사람들 속에서 나오는 것이 더럽힌다."라고 하시면서 무엇이 정말 삶의 문제인지를 밝히셨다.(막 7:17-23) 율법을 지킨다고 으스대는 바리사이파 사람들을 보고 회칠한 무덤이라고 질책하셨다. 겉으로는 성의를 입고 거룩하게 행동하나 속에는 냄새나는 탐욕으로 가득 차 있다.(마 23:27) 그는 유대인들이 절대시하는 성전에서 야훼께 제사를 드리는 자들을 향하여 "강도의 무리들"이라고 질책하셨다.(막 11:12) 심지어 독사의 자식이라고까지 말씀하셨다.(마 13:34, 23:33) 그리시면서 그들에게 화가 있을 것을 거듭 언명하셨다.(마 23:13-29)

그리고 그는 유대인들이 긍지로 느끼는 선민사상도 통째로 내다버렸다. 마가복음서 3장 7절에서 12절에 보면 그에게 모여든 자들은 갈릴리 사람들과 예루살렘에서 온 사람들, 그리고 요단 강 건너편에 사는 사람들이며 띠로와 시돈에 사는 사람들이었다. 요단 강 건너편에 사는 사람들과 띠로와 시돈에 사는 사람들은 이방인들이다. 그리고 그가 호수를 건너가 군대 마귀를 쫓아낸 거라사 땅 역시 이방인들이 사는 땅으로 주로 로마군들이 주둔한 곳이다. 예수님으로 말미암아 군대 마귀에게서 해방된 자가 예수님을 따르겠다고 했을 때 예수님이 네가 살던 곳에 가서 하느님이 너에게 한 일들을 전하라고 하셨다.(막 5:1-20) 예수님의 깊은 관심이 그곳에 사는 이방인들에게도 있었다는 것이다. 그가 자주 가서 휴식을 취한 띠로에 갔을 때 시로페니키아 여인의 딸을 고쳐준 이야기는 우리들의 마음을 따뜻하게 해준다.(막 7:1-10) 마태복음서 8장에 있는 백인 대장의 이야기는 실로 파격적이다. 병든 부하를 고쳐주기를 간청하는 백인 대장의 신앙을 보신 예수님은 "이스라엘 사람들 중에서도 이런 신앙을 본 일이 없다."고 하시면서 "앞으로 하늘나라에서 아브라함, 이삭, 야곱과 더불어 이룩할 잔치에 많은 나라 사람들이 모여들겠으나 이 나라 백성은 바깥 어두운 곳에서 땅을 치면서

울 것이다."라고 하셨다.(마 8:5-13) 예수님이 마지막 예수살렘으로 올라가시는 길에도 요단 강 건너편 이방인들의 땅을 통과하시면서 가르치시기도 하시고 병도 고치셨다. 이렇게 예수님은 '선민법'을 완전히 무시하셨다. 하느님을 "우리들의 아버지"라고 부르셨을 때 그 "우리"는 이 땅 위에 사는 모든 인류를 말하는 것이다. 사실 아브라함에게 약속하신 세 번째 약속도 출애굽을 하여 가나안 땅에 정착을 무리들도 다 민족이라는 것을 보아 하느님은 온 인류의 하느님이시라는 것이 성서 전체의 주장이다.

3. 권위주의와 힘의 철학을 배격

그는 무엇보다도 권위주의를 만악의 근원이라고 보셨다. 힘의 철학을 바벨탑의 뿌리라고 보신 것이다. 그는 권위주의의 화신인 다윗왕 전통을 배격하셨다. 예수님이 유대교 지도자들에게 버림을 받아 돌아가실 것을 제자들에게 말씀하시자 놀란 베드로가 그를 붙잡고 안 된다고 매달렸다. 그러자 예수님은 "사탄아, 물러가라."라고 질책하신 것은 이것을 명확히 말해준다. 베드로는 예수님이 메시아이기를 간절히 원했기 때문이다.(막 8:31-38) 예수님이 비장한 각오로 예루살렘으로 올라가시는 도중 야고보와 요한이 예수님에게 와서 간청을 했다. 예수님이 영광의 자리에 앉으실 때 그들을 예수님의 좌우에 앉게 해달라고 한 것이다. 다른 제자들은 야고보와 요한을 보고 화를 내었다. 예수님은 "너희도 잘 알지만 이방인의 통치자로 자처하는 사람들은 백성을 강제로 지배하고 권력으로 누른다. 그러나 너희들은 그래서는 아니 된다. 너희 사이에서는 누구나 높은 사람이 되고자 하는 사람은 남을 섬기는 사람이 되어야 하고 으뜸이 되고자 하는 사람은 모든 사람의 종이 되어야 한다. 사람의 아들도 섬기려 왔고 또 많은 사람을 위하여 목숨을 바쳐 몸값을 하러 왔다."라고 하셨다.(막 10:35-45) 동시에 모두가 대망하는 메시아사상을 완전히 거부했다. 예수님이 성전에서 가르치시면서 "다윗이 그리스도를 야훼라고 불렀는데 그리스도가 어떻게 다윗의 후손이 될 수 있느냐"고 반문하시어 다윗의 후손에서 메시아가 온다는 생각을 완전히 부정하셨다.(막 12:35-37) 이렇게 그는 삶으로 세 가지 유혹을 물리치셨다. 이 세 가지 유혹이 인류를 패망으로 몰고 가는 바벨탑의 뿌리이기 때문이다. 그는 바벨탑의 상징인 예루살렘 성을 바라보시면서 예루살렘이 패망하여 돌이 하나도 제자리에 얹혀 있지 않고 무너지고 말 것이다."(막 13:1-2) 라고 말씀하셨다. 힘의 도성 바벨탑은 힘의 각축전으로 다 무너지고 만다는 것이다. 예수님은 예루살렘뿐만이 아니라 탐욕과 힘의 철학으로 사는 나라들이 다 역사의 심판을 받을 것이라고 선언했다.

여기에서 한 가지 밝힐 것이 있다. 그것은 그들이 패망하는 것은 진노하시는 하느님의 심판 때문이 아니라는 것이다. 그들이 심판을 받는 것은 그들이 넓은 길로 갔기 때문이다. 그들이 돌아서지 않고 패망의 길로 갔기 때문이다. 하느님은 오히려 그들이 돌아오기를 기다리신다.

4. 예수님이 선포하신 하느님 나라의 비밀

예수님이 선포하시고 이룩하신 하느님 나라는 사탄의 유혹으로 이룩된 바벨탑에 대치되는 하느님의 영이 지배하는 생명 공동체다. 이 공동체에서는 물物을 공유한다. 누구나 다 육체에 필요한 물을 소유할 수 있어야 한다는 말이다. 이것은 몸의 중요성을 말하는 것이기도 하다. 모두 일용할 양식을 소유하고 건강한 몸으로 하느님이 주신 삶을 즐기라는 것이다. 이를 위해서는 물을 필요에 따라 공정하게 나눌 수 있어야 한다. 힘을 가진 자가 물을 독점하는 일이 있어서는 안 된다.

따라서 힘 가진 자가 무리들 위에 군림하여 자기의 탐욕을 행사하는 제도를 가져서는 안 된다. 모두가 이웃을 자기 몸처럼 사랑하며 서로 용서하고 섬겨야 한다. 하느님이 우리를 용서하신 것처럼. 사랑의 영이 서로를 하나로 묶는 인정공동체를 이룩해야 한다는 말이다.

그리고 사람이 만든 종교를 절대화해서는 안 된다. 하느님의 이름을 오용하는 바벨탑처럼 악랄한 것은 없기 때문이다. 모든 종족들이 비록 전통과 문화는 다를지라도 다 한 하느님 아래 서로 위하고 아끼는 이웃이라는 것이 삶의 철칙이 되어야 한다.

하느님의 공동체는 어떤 특정한 제도를 가지고 있는 것이 아니다. 아무리 좋은 법과 제도라고 해도 자기만을 생각하는 탐욕에 사로잡혀 있다면 그 법을 오용하여 자기의 이익을 추구할 수 있기 때문이다.

이와 같은 인정 공동체를 이룩하기 위해서는 우리들의 마음에 변화가 와야 한다. 예수님이 가르치신 팔복에서 제시된 가난한 마음, 슬퍼하는 마음, 온유한 마음, 옳은 일에 주리고 목마른 마음, 자비를 베푸는 마음, 깨끗한 마음, 평화를 위하여 일하는 마음, 옳은 일을 위하여 박해를 받을 용의가 있는 마음 등이다. 이와 같은 마음이란 생명을 온 천하보다 소중하다고 절감하는 자들만이 가질 수 있는 마음이다.

이런 마음은 고난을 겪은 자들이 가질 수 있는 마음이다. 고난을 통하여 생명이 소중한 것을 깨달았기 때문이다. 그러나 고생의 경험만으로 사랑의 심정을 가질 수 있는 것도 아니다. 누군가가 와서 사랑으로 껴안아 새로운 삶의 경험을 하게 하고 하늘나라 잔치를 이룩하는 길을 깨우쳐 주는 자가 있어야 한다. 바로 예수님이 그 일을 하신 것이다. 그래서 한 맺힌 자들 사이에 하느님 나라 잔치가 열렸던 것이다.

그 예수님이 그와 더불어 식탁을 나누는 형제자매들에게 "너희는 등잔 위의 촛불이다, 너희들은 겨자나무다, 너희들은 누룩과 같다. 너희들은 산 위에 세운 성이다."라고 말씀을 하셨다. 사랑의 공동체를 이룩하라고 하셨다. 어두운 세상에 빛이 될 것이다. 겨자나무처럼 크게 자랄 것이다. 누룩처럼 퍼질 것이다. 그러면 온 인류가 쳐다보고 새로운 소망을 가지게 하는 산 위의 성처럼 될 것이다. 예수님이 하신 일이란 이와 같은 하느님 나라 운동을 전개하신 것이다. 기쁨과 보람이 넘치는 생명공동체 운동을 창출하신 것이다. 이것이 바로 하느님 나라 운동이다. 모여 앉아서 예수님의 재림을 기다리는 교회, 대망공동체를 창설하신 것이 아니다. 그리고 그를 따르는 제자들을 향하여 이 생명공동체 운동을 확산하라고 하셨다.

5. 예수님의 교육학적인 이해

예수님의 선교는 섬기는 삶으로 시작되었다. 그는 갈릴리의 떠돌이에게 새로운 삶을 경험하게 하시면서 하느님 나라의 진리를 깨우쳐주셨다. 이것은 히브리 인들의 삶에 대한 기본 철학이기도 하다. 깨달아 안다는 것은 삶의 경험을 통해서 이루어진다. "아담이 하와를 알매 가인을 낳았다."라는 것도 마찬가지다. 이스라엘 백성들의 하느님 이해란 모두 역사적인 경험을 통해서 깨달은 것이다.

그런데 랍비들은 말이 앞선다. 선민인 이스라엘 백성들은 성실하게 율법을 지키면 구원을 얻는다고 한다. 모두에게 무거운 짐을 지어 주었다. 그리고는 손가락 하나 까닥하지 않는다. 그들이 가르치는 것은 하느님의 계명의 핵을 버리고 사람의 전통을 고집하고 있는 것이다.(막 7:8) 그들이 하는 일은 모두 남에게 보이기 위한 것이다.(마 23:4-5) 그들은 마치 소경이 소경을 이끄는 것과도 같아 둘 다 구렁에 빠지게 된다.

참된 스승은 선한 목자와 같다는 것이다. 양을 푸른 초장과 맑은 시내로 이끌어야 한다. 이렇게 삶으로 서로 관계를 맺은 뒤 그 삶의 의미를 깨우쳐주어야 한다. 아무리 그럴듯한 말이라도 듣는 자들의 경험과 연결되지 않으면 열매를 맺지 못한다. 말하는 자의 말과 듣는 자의 마음이 하나가 되려면 첫째로 말하는 자의 말이 듣는 자의 경험과 일치해야 한다. 예수님 당시 랍비들이 가르치는 말이란 한 맺힌 갈릴리의 오클로스들의 삶과는 동쪽이 서쪽에서 먼 것과 같이 멀다. 생선을 달라는데 뱀을 주는 격이다. 정의와 평화를 달라는데 율법을 주었기 때문이다.

예언자들의 경우는 이와 달랐다. 예언자들은 역사 안에서 이룩되는 것을 보고 증언하였다. 탐욕과 힘으로 세운 바벨탑은 죽음으로 치닫는다는 것을 바로 왕이 세운 바벨탑과 다윗이 야훼의 이름을 오용한 제도에서 명확히 보았다. 동시에 출애굽 사건에서 생명의 길을 보았다. 참된 예언자들이 외치는 음성은 진리를 말하는 것이다. 그들이 준 것은 이스라엘 백성들이 받아먹고 소화를 시켜야 하는 하느님의 말씀이었다. 그러나 당시 청중은 바벨탑을 원했기에 예언자들의 말에 귀를 기울이지 않았다. 따라서 그들은 예수님처럼 생명 공동체를 이룩할 수 없었다. 그뿐만이 아니다. 그들은 예언자들을 비방하고 해치려고 했다.

예수님이 오셨을 때의 갈릴리의 오클로스는 이와 달랐다. 때가 이른 것이다. 강자들의 수탈과 랍비들의 그릇된 가르침으로 약자들에게 무거운 짐만을 지워주어 허덕이고 있었다. 한에 맺힌 저들은 새 내일이 동터 오기를 갈망하고 있었다. 길 잃은 양처럼 참된 목자의 출현을 목말라하고 있었다. 때가 이른 것이다.

이와 같은 때에 예수님이 "회개하라. 하느님 나라가 목전에 나타났다."라고 외치자 그의 주변에 몰려든 자들은 다름 아닌 떠돌이들이었다. 마르코 복음서 3장 7-8절에 보면 예수님의 선교 초부터 이방인들을 포함한 많은 무리들이 예수님에게 모여들었다는 것이다. 그들은 다 새 내일을 갈망하는 한 맺힌 자들이었다. 예루살렘과 같은 도시에 사는 기득권자들은 오히려 예수님을 적대시하고 그의 말을 책잡으려고 했다. 그래서 예수님은 예루살렘이나 벳새다로 가시지 않으셨다. 갈릴리를 중심으로 한 가난에 찌든 농촌으로 두루 돌아다니시면서 선교를 하셨다. 이렇게 갈릴리에서 동튼 하느님 나라 운동과 예루살렘을 중심으로 한 바벨탑 문화가 서로 대결하기 시작했다.

참된 목자시요 스승이신 그는 말로 가르치시기 전에 먼저 삶으로 새로운 삶을 경험하게 하셨다. 마르코 복음서에 보면 갈릴리로 가신 예수님의 행적은 먼저 악령 추방을 시작으로(막 1:21-28) 많은 병자를 고치신 이야기(막 1:29-34), 나병 환자를 고치신 이야기(막 1:40-45), 중풍병자를 고치신 이야기(막 2:1-12) 등이 기록되어 있다. 그는 죄인으로 천대받는 레위의 집에서 식사를 나누심으로 식탁 공동체의 전통을 세우신다. 또 제자들이 안식일에 밀 이삭을 잘라 충복을 하려 하는 것에 반발하는 바리사이파 사람들에게 인자가 안식일의 주인이라고 하시면서 유대인이 중시하는 안식일 법을 파기하신다. 안식일에 회당 안에서 오그라진 손을 가진 자의 손을 고쳐주신다. 이렇게 하시자 "갈릴리뿐만 아니라 예루살렘과 에돔과 요르단 강 건너편에 사는 사람들이며 띠로와 시돈 근방에 사는 사람들까지도 예수님이 하시는 일을 전해 듣고 많이 몰려왔다."(막 3:7-8)라고 기록되어 있다.

그는 목자 없는 양과도 같은 그들에게 삶으로써 하느님 나라의 잔치를 맛보게 하시었다. 착한 목자처럼 잃어버린 양들을 찾아 가 식탁을 나누시고 그들의 병을 고쳐주시었다. 그렇게 함으로 서로 나누고 용서하는 삶이 얼마나 신나는 것인지를 경험하게 하셨다. 그렇게 하여 새로운 경험에 감격한 그들에게 입을 열어서 하느님 나라의 진리를 깨우치셨다.

그의 가르침의 핵심은 서로 나누고 용서하라는 것이다. 원수까지도 용서하라는 것이다. 그리고 무엇보다도 서로 사랑하라는 것이다. 참된 사랑만이 생명을 살리고 하느님 나라 잔치를 마련하기 때문이다.

그는 하느님을 사랑이 많으신 아버지라고 가르치셨다. 하느님은 죄인을 벌하시는 무서운 심판자가 아니라 자기 죄를 깨닫고 돌아오기만 하면 용서하시는 분이라고 깨우쳐주셨다. 탕자의 비유가 그 좋은 예다. 아버지를 떠나 방탕하게 살던 탕자가 깨닫고 돌아오자 아버지는 잔치를 벌이신 것이다. 율법을 준수하는 것의 상징이 된 맏아들은 이 잔치에 참여하려고 하지 않는다.

율법주의자들은 하느님은 지존하신 분이어서 율법을 범하는 자들을 준엄하시게 벌을 하신다고 생각했다. 그러나 예수님은 바리사이파 사람들이 벌을 받을 것이라고 하신 것은, 하느님의 징벌이 아니라 그들이 가던 길에서 돌아서지 않았기 때문이라는 것이다. 돌아서지 않는 부자 청년을 보시면서 예수님이 안타까워하신 것이 바로 하느님의 심정이라는 것이다.

예수님은 무엇이 그들의 삶을 그렇게 비참하게 만들었는지를 깨우치셨다. 속은 탐욕으로 가득 차 있으면서 거룩한 척 외식을 하는 바리사이파 사람들, 권력에 눈이 어두워서 외세와 손을 잡고 바벨탑 문화에 심취해 있는 사두가이파 사람들, 하느님에게 제사를 드리는 거룩한 존재라고 자부하는 제사장의 무리들을 부러워하지 말라고 타이르셨다. 그들은 눈먼 소경이라고, 그러면서도 남을 이끌려고 하는 거짓 교사라고, 돌아 설 줄을 모르는 죄인이라고 말했다. 그리고 무엇보다도 스스로 죄인이라고 생각하고 있는 그들이 오히려 하느님 나라에 더 가깝다고 깨우치셨다. 체험으로 악을 알고 새 내일을 갈구하기에 그들에게 소망이 있다는 것이다. 바리사이파 사람들과 율법학자들은 그들을 죄인이라고 하지만 하느님은 그들이 돌아서기를 고대하고 계신다고,

돌아서기만 하면 하느님은 껴안아주신다고, 그러기에 구하라고, 찾으라고, 문을 두드리라고, 그러면 열어주실 것이라고 깨우쳐주셨다.

그는 잔칫집에 초대받은 자들의 비유를 말씀하셨다.(눅 14:15-24, 마 22:1-10, 도마 64a) 어떤 임금이 그의 아들을 위하여 결혼 잔치를 차리고 손님들에게 하인을 보내어 잔치가 다 준비되었으니 오라고 일렀다. 그런데 그 초청을 받은 사람들은 하나같이 다 중대한 일들이 있다고 하면서 잔치에 참여하지 않았다는 것이다. 그러자 임금은 노하여 종들에게 "거리에 나가서 만나는 대로 사람들을 초청하여라."라고 하였다. 그래서 종은 거리에 나가서 만나는 대로 사람을 청하여 잔치에 참여하게 했다는 것이다.

이 잔치에 이미 청함을 받은 자들은 선민이라고 하는 유대인들을 말한다. 그들은 바벨 문화에서 얻은 각가지 기득권이 중요해서 하느님 나라 잔치에 참여하지 않았다는 것이다. 이 이야기는 예루살렘을 중심으로 한 바벨탑 문화와 갈릴리를 중심으로 한 하느님 나라 운동이 어떻게 대립되는지를 명확히 보여준다.

그렇다고 해서 전통적인 유대 사회에서 밀려난 자라고 해서 다 하느님 나라의 시민이 되는 것이 아니다. 그들 가운데도 여전히 바벨탑 문화에 대한 갈망을 끊지 못한 자들이 많다. 밀려난 떠돌이들 가운데 악을 악으로 보고 새 내일을 갈구하여 아우성을 친 자들만이 잔치에 응한 것이다. 이집트의 노예들 가운데서도 출애굽을 하여 가나안의 평화 공동체에 참여한 자들이 바로 새 내일을 갈망하여 일어선 자들이었다.

예수님의 가르침에 "아멘" 하고 호응한 자들은 천대받는 떠돌이 중 새 내일을 간절히 갈망한 자들이다. 예수님의 옷자락에 손을 댐으로 혈루병을 고친 여인(막 5:21-29), 죄 사함을 믿고 요를 걷어가지고 걸어간 중풍병 환자(막 2:1-12), 예수님의 발을 눈물로 닦고 입을 맞춘 죄가 많은 여인(눅 7:36-50), 토색한 것이 있으면 4배나 갚겠다고 한 삭개오(눅 19:1-10), 예수님의 머리에 값진 나르도 기름을 부은 여인(막 14:3-9) 등이 그 좋은 예다. 한 맺힌 밑바닥의 떠돌이들이 예수님의 가르침에 두 손을 들어서 환성을 지른 것이다.

그들은 잔악한 세대를 저주하면서 자포자기하는 비참한 삶을 살고 있었다. 그러나 예수님의 사랑의 품에 안겨서 환희에 찬 삶을 경험하면서 자신도 스스로가 하느님의 사랑하는 아들, 딸임을 발견한 것이다. 도마복음서 83에 이런 말이 기록되어 있다.

"그들 속에 있는 빛이란 하느님의 빛 속에 있는 모습 속에 숨겨져 있다. 그가 스스로를 계시할 것이다.
그의 모습은 그 빛 속에 숨겨져 있다."(도마 83)

떠돌이들 가운데 하느님의 빛 속에 있는 영이 숨겨져 있다는 말이다. 창세기 2장에 있는 흙으로 된 아담의 육체 속에 하느님의 생명의 영이 있다는 것이다. 따라서 새 내일을 갈구하여, 찾고, 문을 두드리면 그들 속에 있는 하느님의 영이 되살아나 자신의 고귀함을 알게 된다는 말이기도 하다.

이렇게 하여 하느님 나라 시민으로 늠름하게 서게 되면 원수들까지 용서하고 사랑할 수 있는 새 인간으로 탄생하게 된다. 그들은 눈물을 흘리면서 하느님께 찬양을 돌릴 수밖에 없다. 하느님 나라의 비밀을 알게 된 것이다. 그들이야말로 씨 뿌리는 비유에 나오는 옥토이다.

이와 같은 예수님의 가르침을 듣고 무리들은 그의 가르침은 권세 있는 자의 가르침이요 바리사이파 사람들과 율법학자의 가르침과는 다르다고 감탄을 한다.(막 1:21-22) 산 경험을 통하여 가르친 것이기 때문이다. 그러기에 예수님은 길게 설명을 할 필요가 없으셨다. 짤막하게 핵을 찌르면 삶에서 이를 경험한 떠돌이들은 "아멘"하고 응답을 한 것이다.

이렇게 하여 그들은 완전히 새 사람이 되었다. 마음에 변화가 온 것이다. 마음의 변화란 그렇게 중요하다. 마음의 변화가 없이는 새 사람이 될 수가 없기 때문이다. 그러기에 예레미야도 에스겔도 이스라엘 백성들이 많은 고난을 통하여 마음의 변화가 올 것이라고 했다. 에스겔은 "돌 같은 마음을 도려내고 살 같은 마음을 주시어 하느님의 뜻을 환히 알게 될 것이다."라고 외쳤다.(겔 36:36-7) 예레미야는 "그들의 마음에 내 법을 새겨주어 나는 그들의 하느님이 되고 그들은 내 백성이 될 것이다. 내가 그들의 잘못을 다시는 기억하지 아니하고 그들의 죄를 용서하여 주리니 다시는 이웃이나 동지끼리 하느님의 심정을 알아드리자고 하지 않아도 될 것이다. 높은 사람이나 낮은 사람이나 내 마음을 모르는 사람이 없으리라."(렘 31:33-34)고 말했다.

이 예언이 떠돌이들 사이에서 현실로 이루어진 것이다. 예수님이 8복에서 특기하신 '가난한 마음, 슬퍼하는 마음, 온유한 마음, 정의에 목마른 마음, 자비로운 마음, 깨끗한 마음, 옳은 일을 위하여 핍박을 받는 마음' 등이 바로 그들의 마음이다. 이런 마음의 변화가 없으면 아무리 율법을 지킨다고 해도, 혹은 종교 행위를 한다고 해도, 그의 삶에서는 악한 열매만 맺게 된다는 것이다.(마 5:21-42)

예수님은 참된 예언자와 그릇된 예언자를 구별하라고 하시면서 다음과 같은 말씀을 하셨다.

"너희는 행위를 보고 그들을 알게 될 것이다. 가시나무에서 어떻게 포도를 딸 수 있으며 엉겅퀴에서 어떻게 무화과를 딸 수 있겠느냐? 이와 같이 좋은 나무는 좋은 열매를 맺고 나쁜 나무는 나쁜 열매를 맺게 마련이다. 좋은 나무가 나쁜 열매를 맺을 수 없고 나쁜 나무가 좋은 열매를 맺을 수 없다."(마 7:16-18)

이와 같은 예수님의 교육은 그가 성전에서 채찍을 드는 놀라운 행위로 그 극에 이른다. 예수님의 삶을 통한 가르침에도 불구하고 예수님의 제자들까지도 그의 가르침을 제대로 이해하지 못하는 자들이 있었다. 아직도 바벨탑 문화에서 벗어나지 못한 제자들이 있었다. 예수님이 여러 차례 깨우쳐 주셨는데도 여전히 메시아 왕국을 대망하는 제자들이 있었다. 따라서 예수님은 그들을 그 그릇된 바벨탑 문화에서 탈출시키기 위하여 십자가의 길을 택하신 것이다.[45]

45 우리는 오랫동안 예수님이 십자가를 지신 것은 우리들의 죄를 대속하시기 위한 것이라고 생각을 했었다. 그러나 예수님이 이해하신 하느님은 아버지와 같으신 분으로 우리가 돌아서면

예수님을 가장 경각하게 한 것은, 예루살렘에서 온 율법학자가 예수님이 악령을 추방하시는 것은 마귀의 두목 바알세불의 힘으로 한다는 유언비어를 만들어서 유포시키자, 예수님의 어머니와 동생들을 포함한 많은 사람들이 유혹을 당하는 것이었다. 이것을 보시면서 예수님은 먼저 강한 자를 묶어놓아야겠다고 결심하셨다.(막 3:20-30) 예루살렘에 도사리고 앉아서 백성들을 오도하는 대사제들과 율법학자들의 가면을 벗기고 그들의 악랄하고 추한 모습을 백일하에 폭로하시려는 것이다. 그렇게 함으로 사람들이 그들의 추한 허상을 보고 바벨탑 문화에서 탈출할 수 있으리라고 보신 것이다. 그래서 그는 채찍을 들고 예루살렘 성전에 들어가신 것이다. 그는 채찍을 휘두르시면서 만인이 기도하는 집을 강도의 소굴로 만들었다고 질책을 하신다. 이것은 대사제들을 회개시키시려고 하신 행동이 아니었다. 그들은 도저히 돌아설 수 없는 바벨탑 문화의 두목이기 때문이다. 이것은 그들의 가면을 벗기고 그들의 진면목을 만천하에 폭로함으로 아직도 깨닫지 못하는 자들로 하여금 깊은 잠에서 깨어나게 하시려는 것이었다.

그러자 대사제의 무리들은 예수를 로마 총독에게 넘겨 정치범으로 십자가에 못 박게 하는 만행을 저질렀다. 그렇게 함으로 그들의 악마성이 온 천하에 폭로된 것이다. 예수님이 부활하신 뒤 하루에 3000명씩 자기의 죄를 회개하고 예수님의 뒤를 따르게 되었다.(행 2:37-42) 예수님이 부활하시자 그분이야말로 하느님의 사랑하는 아들이시요 그를

두 팔을 버리고 안아주시는 분이라고 보셨다. 예수님의 피 공로로 죄를 사하시는 용졸하신 분이라고 생각하시지 않으셨다.

십자가에 못 박게 한 대사제들이 악당들이라는 것을 깨달았기 때문이다. 뿐만 아니라 예수님의 진상을 알지 못하고 십자가에 못 박게 한 자신의 우매함도 깨달은 것이다. 무엇보다도 그들을 깨닫게 하시려고 예수님이 친히 십자가의 고난을 겪으셨다는 것을 깨닫고 가슴을 치면서 회개한 것이다. 그리고 그들 마음속에 부활하신 예수님이 새롭게 살아 움직이시어 하느님 나라의 기쁜 소식은 지중해 연변에 요원의 불처럼 확산된 것이다. 드디어 하느님 나라의 시민이 된 것이다.

6. 하느님 나라란?

"회개하라. 하느님 나라가 목전에 도달했다!"

이것이 예수님의 제 일성이었다. 그 하느님의 나라란 어떤 것인가? 누가복음서 17장 20-21절에 이렇게 기록되어 있다.

"하느님 나라가 언제 오겠느냐는 바리사이파 사람들의 질문을 받으시고 예수께서는 이렇게 대답하셨다. '하느님 나라가 오는 것을 눈으로 볼 수는 없다. 또 보아라, 여기 있다 혹은 저기 있다고 말할 수도 없다. 하느님 나라는 바로 너희 가운데 있다.'"

이 너희들 가운데란 어떤 곳인가? 이 물음의 대답은 누가복음서 10장에 있는 착한 사마리아 사람의 이야기에서 밝히 드러난다.

어떤 율법교사가 예수님의 속을 떠보려고 "선생님. 내가 무슨 일을 해야 영원한 생명을 얻을 수가 있겠습니까?" 하고 물었다. 예수님은 그에게 율법서에 어떻게 기록이 되었느냐고 반문을 하셨다. 율법교사는 "'네 마음을 다하고 네 목숨을 다하고 네 힘을 다하고 네 마음을 다하여 하느님을 사랑하고 네 이웃을 네 몸 같이 사랑하라'고 하였습니다."라고 대답을 하였다. 그러자 예수님은 "그것이 정답이다. 그대로 하면 그러면 살 수 있다." 이 "그러면 살 수 있다."라는 예수님의 말씀이 중요하다. 이 율법이 가르치는 대로 살면 지금 이 땅 위에서 하느님 나라의 축복된 삶을 살게 된다는 말이다.

이 율법 교사는 "누가 내 이웃입니까?" 하고 추궁을 했다. 그가 이렇게 추궁을 한 것은 예수님이 누가 이웃인지를 알지 못한다고 생각을 한 것이다. 이 율법학자는 선민인 유대인들에게는 할례를 받고 율법을 준수하는 자만이 참된 이웃이라고 확신하고 있었던 것이다. 그런데 예수님은 "죄인과 세리"와 함께 어울려 식사도 한다는 것이다. 이것을 따지겠다는 것이다. 이것을 꿰뚫어 보신 예수님은 그와 논쟁을 하려고 하시지 않으셨다. 신리란 논쟁으로 밝혀지는 것이 아니라 삶으로 밝혀진다는 것을 아신 예수님은 한 폭의 이야기를 하셨다.

어떤 사람이 예루살렘에서 여리고로 가다가 강도를 만나 가진 것을 다 빼앗기고 진탕 얻어맞아 빈사 상태로 길가에 버려졌다. 한 사제가 오다가 이 자를 보고 그냥 지나갔다. 얼마 후에 한 레위 사람이 지나가다가 역시 그냥 지나갔다. 그런데 한 사마리아 사람이 지나가다가 신음 소리를 듣고 마음이 움직여서 그냥 지나갈 수가 없었다. 그래서 그는 나귀에서 내려서 그에게 응급치료를 해 주고 나귀에 태워 여관에 가서 다시 치료해주었다. 그리고 자기 일을 보려고 길을 떠나면서도 마음이 놓이지 않아 여관 주인에게 이틀 품값 두 데나리온을 주면서 돌아올 때까지 잘 보살펴달라고 부탁을 했다. 이렇게 말하신 예수는 율법학자에게 누가 이 강도 만난 사람의 이웃이냐고 물었다. 이렇게 삶의 이야기를 하자 율법학자는 도와준 사람이라고 대답을 하지 않을 수가 없었다. 예수님은 "너도 그렇게 하라. 살리라." 그렇게 땅 위에서 살면 영생을 얻는 것이다. 하느님 나라 시민이 될 수 있다.

그러나 이 이야기의 진미를 알려면 이 이야기의 뒤풀이를 음미해 보아야 한다. 이틀이 지난 뒤 강도 만난 사람은 많이 회복되어 지팡이를 짚고 여관 마당을 거닐고 있었다. 그러면서 이따금씩 사마리아 사람이 넘어간 언덕을 쳐다본다. 해가 서산에 기울어져서 땅거미가 질 무렵 그 언덕에서 한 사람이 나귀를 몰고 내려왔다. 이것을 본 강도 만난 사람은 대문가에 나가서 그를 기다린다.

이제 이 두 사람이 만나는 장면을 상상해 보라. 쩔룩거리면서 마중 나오는 강도 만난 사람을 본 사마리아 사람은 나귀에서 뛰어 내려서 그의 손을 붙잡으면서 "이제 다시 걷게 되었군요." 하고 감격스러워 한다. "모두 당신 덕분이죠." 하고 대답하는 강도 만난 사람의 눈에는 눈물이 글썽거린다. 이것을 보고 있던 여관 주인은 "이제 방에 들어와서 저녁을 드시죠. 식사가 다 준비 되었습니다." 하고 그들을 방으로 들어오라고 권한다. 이렇게 하여 식탁에 둘러앉은 그들의 심정을 생각해보라. 그곳이 곧 하느님 나라이다.

이 이야기에서 강도 만난 사람을 도운 사람이 사마리아인이라는 것에 주목해야 한다. 제사장도 그냥 지나가고 레위 사람도 모르는 척 지나갔는데 유대인에게 죄인 취급을 받는 사마리아 사람이 그를 도왔다는 것이다. 그런데 율법학자도 그를 참된 이웃이라고 말할 수밖에 없었다. 사실 이 사마리아 사람은 바로 바리사이파 사람들이 죄인과 식탁을 같이 한다고 비난을 한 예수님이다. 그리고 예수님이 가시는 곳마다 이런 하느님 나라가 이룩되었다는 것이다.

난쟁이 세리장 삭개오의 집에서 벌여진 감격적인 식탁이 또 다른 한 예다. 삭개오는 나면서부터 난쟁이가 된 저주받은 인간이다. 그는 자라면서 이 세상을 날로 더 저주하지 않을 수가 없었다. 모두가 그를 난쟁이로 태어난 저주받은 죄인이라고 비웃고 천시했기 때문이다. 그가 세리가 된 것도 모름지기 거룩하다고 하는 자들과 대결하려는 것이었을지도 모른다. 그들에게서 세금을 짜냄으로 보복하려는 것이었으리라. 이렇게 되면서 그와 유대인들 사이에는 더욱 높은 담이 생겼을 것이다.

삭개오는 부자가 되었으나 그의 삶은 비참하기 그지없었다. 마음을 나눌 친구가 하나도 없었기 때문이다. 외롭게 혼자 식탁에 앉을 때나 잠자리에 들 때마다 그의 가슴은 구멍이 뚫린 것 같았다.

그러던 그는 나사렛의 젊은 랍비 예수님의 이야기를 들었다. 그는 세리들도 제자로 삼는다는 것이다. 그는 당장 그에게로 뛰어가고 싶었을 것이다. 그러나 그는 다시 주저앉는다. 자기는 소망이 없는 죄인이라고 생각을 했기 때문이다.

그러던 어느 날 예수가 삭개오의 동네로 오신다는 것이 아닌가. 홍

분한 그는 거리로 뛰쳐나갔다. 그를 한번 보기라도 하려는 것이었다. 그러나 거리는 벌써 인산인해를 이루어 난쟁이인 그로서는 도저히 예수님의 얼굴을 볼 수가 없었다. 그는 길가에 있는 무화과나무에 올라갔다. 남들이 웃는 것이 문제가 아니다. 기어이 예수님을 보아야 하겠기 때문이다. 나무 위에서 예수님이 제자들과 이야기를 나누면서 오시는 것을 보는 삭개오의 가슴은 어땠을까? 그를 둘러싸고 오는 제자들이 더없이 부러웠을 것이다. 나무 가지를 껴안은 그는 중얼거렸다. "오시다가 나를 쳐다보아 주시기라도 했으면." "아니야. 쳐다 보시면 나를 비웃으실 거야."

그런데 그 예수님이 나무 아래 오시더니 그를 쳐다보시면서 부드러운 음성으로 "삭개오야. 내려오너라. 내가 오늘 너희 집에 머물겠다." 하시는 것이 아닌가? 가슴이 터질 듯한 감격에 사로잡힌 삭개오는 미끄러지듯이 나무에서 내려와 그와 그의 제자들을 집에 모셨다. 그리고 진수성찬을 차려 대접했다.

삭개오는 예수님 앞에 서더니 이렇게 말했다.

"선생님. 내 재산의 반을 가난한 사람에게 주겠습니다. 그리고 내가 강탈한 것이 있으면 4배를 갚겠습니다." 사랑스러운 눈으로 그를 쳐다보시는 예수님은 "오늘 너희 집에 구원이 이르렀다."라고 선언하셨다. 삭개오의 식탁이 바로 하느님의 나라이다.

사실 예수님의 삶에서 이런 장면이 수없이 만들어졌다. 한 바리사이파 사람의 집에서 천한 여인이 예수님의 발을 눈물로 적시고 머리로 닦았던 그 순간에도 하느님 나라였다. 예루살렘을 올라가시는 예수님

의 머리에 값진 나르도 기름을 부은 그 자리 역시 하느님 나라였다. 이
와 같은 하늘나라는 밑바닥 떠돌이들 사이에 누룩처럼 퍼졌다. 그들의
삶은 어두운 밤의 등불처럼 빛나고 험악한 사회의 소금과도 같았다. 하
느님 나라 시민들을 위하여 예수님은 의미 깊은 기도를 가르쳐주셨다.

7. 주님이 가르쳐주신 기도문

예수님은 그가 이룬 생명 공동체가 그의 삶과 가르침을 두고두고 기
억하게 하시기 위하여 기도문 하나를 제자들에게 주었다.

"하늘에 계신 우리 아버지."

예수님은 하늘에 계신 야훼 하느님을 "우리 아버지"라고 부르라고
하셨다. "하늘에 계신"이란 있어야 할 것을 있게 하시는 온 우주를 감
싸시는 생명의 영을 말한다. "주"라는 이름의 뜻이 그것이다. 그분은
우리들의 생명의 근원이자, 우리 모두를 돌보시는 아버지라는 것이다.
우리 인류는 다 서로 위하고 아끼는 형제자매이다.

당시 유대인들은 하느님을 그들만을 선민으로 선택하시어 사랑하시
고 돌보시는 민족의 신으로 여겼다. 그러나 예수님은 그를 온 인류 모
두를 돌보시는 아버지와 같은 분으로 여겼다. 이와 같은 하느님 이해
는 이미 출애굽 공동체에서 확립이 되었다. 출애굽 공동체는 다민족 공
동체였기 때문이다. 이 하느님을 유대인의 하느님으로 오용한 것은 야
훼 하느님을 다윗 왕국의 수호신으로 만든 유대 왕국의 반역이었다. 그

러나 엘리야를 비롯한 북왕국 이스라엘의 예언자들과 요나서와 룻기의 저자 그리고 야훼의 종의 노래들을 쓴 시인들 역시 야훼를 온 인류의 하느님으로 보았다. 이 모든 민족의 "아버지와 같으신 분"이라는 신 이해야말로 당시 유대인들이 이해한 신과는 정반대이다.

당시 유대인들은 하느님을 죄인들을 심판하시는 무서운 정의의 신으로 이해했다. 그의 뜻을 따르는 자들은 축복하시나 그의 뜻을 거역하는 자들은 엄하게 징벌하시는 분이시라는 것이다. 그들이 바빌론에 사로잡혀간 것도 그의 분노 때문이요, 아직까지 다윗 왕국을 회복하지 못한 것도 유대인들이 그의 뜻을 제대로 지키지 못했기 때문에 받는 하느님의 진노라고 생각했다. 그래서 율법을 상세히 만들어서 그 뜻을 지키려고 애를 썼다. 그가 그렇게 거룩하고 두려운 분이기에 이름도 제대로 부르지 못했다. 그래서 야훼라는 단어가 율법서에 나오면 그대로 읽지 못하고 "나의 주"아도나이라고 읽었다.

그러나 예수님은 하느님을 사랑이 많으신 "아버지"라고 부르셨다. 그 아버지는 자식들이 그의 뜻을 어겼다고 해서 벌하시는 것이 아니라 그들이 깨닫고 돌아오기를 기다리시는 분이라고 하셨다. 예수님이 가르치신 탕자의 비유가 바로 이것을 말한다. 둘째 아들이 깨닫고 돌아오면 그야말로 아버지의 뜻을 그 깊이에서 깨달은 역사의 주체가 되기 때문이다.

출애굽 공동체를 이룩하신 야훼 하느님은 그런 분이시다. 애굽의 히브리인들이 바로 왕의 학정 속에서 존명하려고 애를 쓰는 것을 보시면서 야훼 하느님은 마음이 아프셨다. 그러다가 그들이 집단적으로 각을

하고 야훼께 아우성을 치자 그는 모세를 시켜서 그들을 젖과 꿀이 흐
르는 가나안 땅에 정착을 시키셨다. 그런 하느님이기에 "우리들의 아
버지"라고 부르는 것이다. 이스라엘 백성들만의 하느님이 아니라 온
인류의 하느님이시다. 예수님의 선교도 모든 민족을 껴안는 선교였다.
온 인류가 다 하느님의 자녀라는 것을 깨달을 때 민족이 서로 축복을
하는 세상이 된다.

　"당신의 이름을 영화롭게 되게 하옵시며"

　고마운 하느님의 이름을 다윗 왕조는 오랫동안 욕되게 하였다. 이제
부터 그 바벨탑을 무너뜨리고 하느님의 이름에 영광이 돌아가게 해야
한다. 이것은 무엇을 말하는 것인가. 그것은 예수님이 물리치신 세 가
지 유혹에 넘어간 왕들, 특히 다윗 왕조 이래로 모든 집권자들, 그리고
선민사상에 사로잡힌 유대인들은, 그들이 쌓았던 바벨탑을 무너뜨리
고 모두를 하느님의 형제자매로 여기는 화해의 공농체를 이룩하는 것
이다. 이를 위해서는 마음의 변화가 있어야 한다. 마음에 참된 변화가
없는 자들은 다 바벨탑 문화에 사로잡혀서 하느님의 이름이 욕되게 하
기 때문이다. 이제부터 우리는 그 이웃을 자기 몸처럼 사랑하는 마음
의 변화가 일어나 예수님의 뒤를 따름으로 하느님에게 영광이 돌아가
게 해야 한다.

　"뜻이 하늘에서 이룬 것 같이 땅에서 이루어지게 하소서."

그동안 유대인들은 하느님의 뜻을 제대로 깨닫지 못해서 그릇된 길로 치달았었다. '이제 그 뜻이 땅 위에서도 이룩되게 하소서!'라는 것이다. 그러면 하느님의 뜻에 따르는 생명 공동체가 이룩된다는 것이다. 그러려면 누군가가 하느님의 뜻을 바르게 깨닫고 그렇게 살고 가르치는 자가 있어야 한다. 그렇게 하는 자가 어디에서 나타날 것인가? 그런 자란 떠돌이들 가운데서 자라 떠돌이들의 아픔을 자기의 아픔으로 삼고 구하고 찾고 문을 두드린 자들 가운데서 나타난다는 것이다. 그런 자야말로 하느님의 아들이라는 것이다. 그런 자들을 통해서 뜻이 하늘에서 이룬 것과 같이 땅 위에서도 이루어져 하느님의 이름에 영광이 돌아가게 될 것이라는 것이다.

"오늘날 우리에게 일용할 양식을 주옵시며!"

그 하느님의 뜻이란 무엇인가? 첫째로 그것은 우리 모두가 일용할 양식 때문에 걱정할 필요가 없는 세상이 되어야 한다. 서로 열심히 일을 하여 그 결실을 서로 나누면서 하느님께 감사할 수 있어야 한다. 그런데 탐욕에 사로잡힌 자들은 서로 경쟁을 하여 이 세상을 약육강식의 아수라장으로 만들고 있다. 이제 하느님의 뜻을 깨달아 삶과 말로 가르치신 예수님의 뒤를 따라 서로 나누는 인정 공동체를 이룩해야 한다는 것이다. 그러려면 이웃을 자기 몸처럼 사랑할 수가 있어야 한다. 원수까지도 사랑해야 한다는 말이다.

"하느님이 우리를 용서해 준 것 같이 우리도 서로 용서하게 하옵시며"

육신에 필요한 것을 나누는 것만으로 하느님 나라가 이룩되지 않는
다. 하느님이 우리를 용서한 것처럼 우리도 서로 용서를 해야 한다. 일
흔 번씩 일곱 번이라도 용서해야 한다. 하느님은 어떻게 우리의 그 많
은 잘못을 용서하셨는가? 그의 영을 받은 우리들의 자유를 존중했기
때문이다. 자유를 가진 자들은 일단 자유를 오용하게 마련이나 이를 깨
닫고 돌아올 때 그야말로 참된 하느님의 아들이 된다. 따라서 하느님
은 참고 기다리신다. 그러다가 돌아오면 그대로 껴안아 주신다. 자유
를 가진 자들이란 너 나 할 것 없이 다 각자위심에 따라서 자기중심적
이 되어 과오를 범하게 마련이다. 이것을 서로 비난하고 책임을 추궁
한다면 공동체는 파괴되지 않을 수가 없다. 그러기에 서로 용서해야 한
다. 하느님이 우리를 용서하시는 것처럼 말이다. 그래야 하느님 나라
잔치가 펼쳐지는 기쁨의 공동체가 된다.

"우리를 시험에 들지 말게 하옵시며"

이렇게 살려는 우리들의 주변에는 바벨탑의 화려한 문화가 있다. 힘
을 행사하여 많이 소유한 자들이 흥청망청 산다. 힘에 의한 바벨탑의
향락 문화가 우리를 유혹하기 마련이다. 그러나 모두가 가는 그 넓은
길은 죽음으로 이르는 길이다. 이와 같은 유혹에 넘어가지 않기 위해
서 기도해야 한다. 동시에 서로 사랑하여 나누고 용서함으로 이룩되는

하느님 나라 잔치를 조성해야 한다.

　　"악에서 구하여 주옵소서."

　　죽음에 이르는 바벨탑 문화에서 탈출하여 새로운 생명 공동체를 이룩하여 살려고 하면 사탄의 세력은 이 새 공동체를 공격해 온다. 따라서 이와 같은 악의 문화의 위협에서 구해주시도록 기도해야 한다. 악의 시험에 물들지 않고 악의 세력을 물리치려면 사랑으로 죽으시고 다시 사신 예수님의 영이 우리와 같이 계셔야 한다. 그의 영과 더불어 살면 새로운 존재가 되어 영원한 하느님 나라 잔치에 참여하게 된다.

　　이렇게 정리하고 보면 우리는 하느님, 예수, 성령, 교회에 관한 새로운 이해를 선물로 받게 된다. 하느님은 "있어야 할 것을 있게 하시는" 영이다. 각자위심으로 자유를 오용하여 고난의 길을 가는 자들이 깨닫고 돌아오면 그들을 껴안고 기쁨의 잔치를 벌이시는 아버지와 같으신 분이시다. 예수님은 수탈을 당하는 떠돌이들의 아픔을 자기의 아픔으로 삼으면서 끈질기게 구하고 찾고 새 내일의 문을 두드림으로 하느님과 기화하여 땅 위의 삶을 비참하게 만드는 악을 명확히 보고 이를 거부할 뿐만 아니라 이에 대치되는 생명 공동체의 길을 찾은 분이다. 자신을 주는 사랑으로 떠돌이들과 더불어 기쁨에 찬 생명 공동체를 이룩하시고 이에 대한 삶의 진리를 말로 깨우치시어 하느님 나라 잔치에 참여하게 하시는 분이다. 성령이란 새 내일을 구하고 찾는 떠돌이들 속에 있는 영들과 온 우주를 감싸면서도 바벨탑에 짓눌려서 고난을 겪는 떠돌이들을 보시면서, 아파하는 히브리인의 영이 서로 만나 새로운 역사를 창출하시는 기화의 현상을 표현하는 것이다. 예수님이 제자들에게 전해주신 공동체란 예수님이 일하신 생명 공동체를 땅 끝까지 널리 확산되게 하는 운동체이다.

이 공동체는 동시에 출애굽 공동체와 마찬가지로 힘으로 약자들을 비참하게 하는 바벨탑에서 뛰쳐나온 탈출공동체다. 예수님은 "낡은 옷에 새 천 조각을 대고 깁는 사람이 없고 새 술을 낡은 부대에 담는 사람이 없다."라고 말씀하셨다. 그를 따르려는 사람들에게 "죽은 자들의 장례는 죽은 자들에게 맡겨두고 너는 가서 하느님 나라의 소식을 전하라."라고 하셨다. "장기를 잡고 뒤를 돌아다보는 사람은 하느님 나라에 들어갈 자격이 없다."라고도 말씀하셨다. 옛 것을 버리고 완전히 새 것을 창출하라는 것이다. 이것은 하늘을 쳐다보면서 예수님의 재림을 대망하는 대망공동체와는 완전히 다르다.

빗나간
대망공동체들과
오늘의 도전

빗나간 두 대망공동체

이 탈출 공동체가 태어난 자리란 출애굽 공동체와 마찬가지로 갖가지 유혹의 올무가 도사리고 있는 곳이다. 헬라 문화와 결탁하여 바벨탑을 쌓은 로마제국의 문화는 말할 것이 없고, 유대인들에게는 메시아 왕국을 기다리는 대망이 그 절정에 이른 때이었다. 역사의 야훼가 되시는 하느님이 행동하시어 그의 뜻에 역행하는 모든 세력들에 종지부를 찍고, 친히 역사의 주가 되신다는 계시록적인 종말 사상도 널리 확산되어 있었다. 그중 메시아 대망 사상과 계시록적 종말 사상이 주류를 이룬다. 예수님을 중심으로 이룩한 하느님 나라 운동은 역사 속에 잠겨 버린 듯했다.

첫째로 예수님의 수제자로 알려진 베드로와 예수님의 동생 야고보를 중심으로 한 동료들은 메시아사상에서 벗어나지 못하고 예루살렘에 예수님이 재림하실 것이라고 믿는다. 그를 기다리는 '대망 공동체'

를 만들었다. 사도행전 1장 12절 이하에 보면 베드로가 주동하여 배신한 유다의 자리에 맛디아를 선정하여 열두 사도 제도를 재생시켰다. 예수님이 예루살렘에 재림하시여 다윗 왕국을 회복했을 때 열두 지파를 다스릴 것이라고 기대한 것이다. 예루살렘 전통에 선 누가복음서 22장 30절에 보면 예수님 자신이 "너희들이 나의 왕국에서 먹고 마실 것이요 이스라엘 열두 지파를 다스릴 것이다."라고 말씀하신 것으로 기록되어 있다. 베드로나 요한 그리고 예수님의 동생 야고보는 본래 갈릴리 사람들이었다. 그런데 예루살렘에 머물러서 예수님의 재림을 기다리는 대망공동체를 만들었다는 것 자체가 그들이 가지고 있었던 메시아사상을 탈피하지 못했음을 명확히 말해준다. 갈릴리의 밑바닥 떠돌이들을 중심으로 예수님의 정신을 이어받은 강력한 하느님 나라 운동이 소아시아와 아프리카로 확산되고 있었다는 것을 생각할 때, 그들이 예루살렘에 머물러서 예수님의 재림을 기다렸다는 사실이 실로 놀라울 수밖에 없다. 예수님이 채찍을 드셨던 성전에 들락날락하면서 말이다. 주후 70년경에 쓰인 반 예루살렘적인 자세를 명확히 보인 마가복음서가, 깨닫지 못하는 제자들, 특히 베드로의 닫힌 마음을 거듭 강조한 것을 이해할 수 있다.

대망하는 공동체는 하늘만 쳐다보고 땅 위의 악과 대결하는 일에는 관심을 두지 않았다. 그들이 예수님의 이름을 땅 끝까지 전하려 한 것도 뜻이 하늘에서 이룬 것 같이 땅 위에서도 이루게 하려는 것이 아니다. 복음이 땅 끝까지 전해져야 예수님이 재림하실 것이라고 믿었기 때문이다.(마 24:14) 뜻이 하늘에서 이룬 것 같이 땅 위에서도 이루어지게 하시려고 예수님이 그렇게 애쓰셨는데도 말이다. 그러다가 주후 70년, 예루살렘이 완전히 패망하면서 그들은 유대 땅에서 추방을 당했다.

둘째로, 이방인의 사도로 자처한 바울도 다른 대망공동체를 만들었다. 바울은 본래 예수 운동을 열렬히 반대하던 자다.[46] 그러다가 그가 부활하신 예수님을 만나는 영적인 경험을 했다. 실제로 그 경험이 어떤 것인지를 명확히 알 수는 없다. 바울 자신이 자세히 설명하지 않았기 때문이다. 그는 부활하신 예수님을 만난 것으로 확신을 했다. 그리고 예루살렘 교회에서 전수받은 전통을(고전 15:1-9) 그대로 받아들여 로마제국에 의해 정치범으로 십자가에 처형한 예수를 하느님이 다시 살리셨다고 확신을 했다.

이것을 확신한 바울은 그 나름의 계시록적인 신학을 창출했다.[47]

---

46 계시록 사상이란 역사의 종말에 관한 것을 꿈, 환상, 혹은 음성으로 계시를 받아 전수되는 문학이다. 이 사상에 의하면 하느님의 역사의 주가 되어 나라들의 흥망성쇠를 주관하시는데 때가 이르면 하느님이 역사에 직접 개입해 현존하는 이 세상 권력들을 다 물리치시고 하느님의 뜻이 이룩되는 신천신지를 이룩하신다는 것이다. 이 신천신지에 참여할 자들이란 종말에 관한 계시를 받은 자들이 혼신의 노력을 다하여 역사의 주가 되는 하느님을 믿고 따르도록 충성을 다해야 한다. 그리고 종말에 이를 믿고 죽은 자들은 부활하고 산 사람은 변화하여 이에 참여한다는 것이다 유대 전통과 관련이 있는 계시록 전통에는 다니엘서, 1 에녹서, 2 에스라서, 2 에녹서, 2 바룩서 등이 있다. 요한계시록도 이런 계시록이다. N. K Gottwald: op.cit. pp.58-585. 계시록과 바울에 관한 책들은 다음을 참조. Marcus J. Borg and John D. Crossan: 『The First Paul』, Harper One, Harper Collins Publishing, 2009. Richard A. Horsley (ed): 『Paul and Empire』, Trinity Press International, 1997. 김재성(엮음): 『바울 새로 보기』, 한국신학 연구소, 2000.

47 김재성 지음: 『바울 새로 보기』, 한국신학 연구소, 2000. Richard A Horsley: 『Paul and Empire』, Trinity Press International, Harrisburg, Pennsylvania, 1997. 계시록이란 이스라엘 백성들이 헬라 제국이나 로마제국과 같은 막대한 세력 밑에서 고생하는 과정에서 쓰인 다니엘서와 같은 문학 장르다. 이 장르는 이 세상을 마쯔다이즘의 영향을 받은 이원론적인 사고를

그러나 그 신학은 예수님이 삶과 가르침으로 우리에게 보여주신 하느님 나라의 진리와는 완전히 다르다. 그 신학은 십자가에 못 박혀 돌아가시고 부활하시어 높이 들리신 예수를 초점으로 하는 신학이다. 그 형태는 당시 전 세계가 주로 모시는 아우구스트를 신격화한 종교 제도의 구조를 활용하여 그 나름의 새로운 의미를 부여했다. 우리는 그가 사용한 용어들을 보아 이것을 알 수 있다. 그 용어들이란 evangelion, pistis, dikaisyne, eireine, charis, oikodome, soe, parousia 등으로, 바울은 이 용어들에 새로운 의미들을 부과했다. 아우구스트 황제가 20여년 전쟁에 시달리던 세계를 평정하고 평화eirene를 이룩했으니, 이것이야말로 기쁜 소식evangelion이 아닐 수 없다. 따라서 그를 믿어야 한다.pistis 그를 믿으면 그와 올바른 관계에 서게 된다.dikaiosyne 그러면 거기에서 비롯하는 은총을 받게 된다.charis 그리고 참된 삶을 살 수 있다.soe 동시에 희망에 찬 삶을 살 수 있다. 그리고 그가 어느 지방이고 찾아오시면parousia 모두 총동원을 하여 준비하고 그를 맞이해야 한다.

그러나 바울이 평화라고 할 때 그것은 무력을 통한 평화가 아니라 예수님의 사랑을 통한 평화다. 신앙pistis을 말할 때도 우리를 위하여 십자가에 달리셨다가 부활하시어 하늘에 올라가셨다가 다시 오시어 역사를 심판하니, 그를 믿는 것이다. 그 예수님을 야훼로 믿을 때 하느

하여 역사의 야훼 하느님은 이 세상 얼마 동안 악한 신에게 맡겼다가 때가 이르면 하느님이 친히 그의 종을 보내어 그의 뜻에 역행하는 나라들을 멸절시키고 온 세상을 하느님께 바친다는 것이다.

님과 올바른 관계에 선다는 말이다. charis나 soe도 이와 같은 믿음을 통한 은총이요 생명이다. parousia라는 말도 예수님의 재림을 말한다. 그의 재림을 위하여 모두 준비를 해야 한다. 이와 같은 신앙을 가진다면 유대인이나 이방인이나, 남자나 여자나, 종이나 자유인이나 아무 분별이 없이 구원을 받는다.(갈 3:28) 그리고 그가 다시 오실 때 죽은 성도들이 먼저 부활할 것이요, 살아서 믿는 자들은 그 뒤를 따라서 변화하여 그를 맞이한다. 이것이 바울 신학의 내용이다.

이와 같은 신앙을 위해서는 예수님이 어떻게 사셨고 무엇을 가르쳤는지는 아무 관계도 없다. 예수님이 왜 십자가에 못 박히셨는지, 누가 이런 만행을 했는지도 알 필요가 없다. 그에게 있어서는 로마가 십자가형으로 처형한 예수님을 하느님이 다시 사시게 하시어 하늘 보좌에 앉게 했다는 것 외에 필요하지 않다. 그래서 예수 그리스도의 죽으심과 부활 외에 아무것도 필요하지 않다고 말한 것이다.

바울은 특히 죽은 자의 부활을 강조했다. 예수님이 부활했으니 우리도 부활을 한다는 것이다. 이와 같은 부활이 없다면 먹고 마시는 것이 당연하다고 바울은 단언을 한다.(고전 15:32b) 땅 위에 이룩될 하느님 나라에 대해서는 아무런 관심도 없다. 고린도전서 7장 21절 이하에 보면 바울은 때가 얼마 남지 않았다고 경종을 울린다. 따라서 결혼하지 않은 사람은 자기처럼 결혼하지 않는 것이 좋다. 아내가 있는 사람은 아내가 없는 것처럼 살라고 한다.

그러나 이는 성서 전체를 통하여 역사하시는 하느님의 모습과는 완전히 다르다. 출애굽 사건에 있어서도 하느님은 직접 주동적으로 행동하시지 않으셨다. 그는 떠돌이들이 고난을 통해서 악을 악으로 각하고 집단적으로 이에 항거하기를 기다리셨다. 그들이 악을 악으로 보고 집단적으로 아우성을 치자 하느님은 그의 뜻을 선물로 받은 모세를 통해서 과부, 고아 떠돌이들이 안심하고 사는 정의와 평화의 공동체를 이룩하셨다.

예수님의 경우도 마찬가지다. 예수님은 악을 악으로 보고 이에 항거하면서 새 내일을 갈망하는 오클로스들이 집단적으로 각을 했을 때 그들 사이에 하느님의 뜻이 이룩되는 생명 공동체를 이룩하시었다. 그러시면서 그들 사이에 하느님 나라가 이룩되었다고 선언을 하셨다. 동시에 예루살렘에 도사리고 앉아서 연약한 갈릴리 농민들을 수탈하고, 정치적으로 그리고 종교적으로 억압하는 것을 보고 온몸을 던져 항거를 했다. 그가 예루살렘 성전에 들어가 채찍을 든 것도 로마와 손을 잡고 자기들의 배만을 채우려는 강도들의 본성을 온 세상에 폭로하여, 무리들로 하여금 악의 정체를 보고 각성하여 가던 길에서 돌아서게 하려 함이었다. 그가 부활하신 뒤 자신을 따르는 자들에게 갈릴리에 가서 자신과 더불어 하느님 나라 운동을 재현하라고 말씀하셨다.(막 16:1-8) 뿐만 아니라 부활하신 예수님은 갈릴리 산상에서 제자들을 만나 땅 끝까지 이르러서 방방곡곡에 있는 떠돌이들에게 삶과 가르침으로 깨우쳐주신 하느님 나라의 복음을 전하라고 하셨다. 그러시면서 예수님은 세상 끝 날까지 그들과 함께 계시겠다고 하셨다.(마 18:16-20)

바울은 삶을 통하여 땅 위에 하느님 나라를 이룩하려고 하신 예수님의 선교의 중요성을 알지 못했다. 그의 삶과 가르침을 통하여 떠돌이들 사이에 하느님 나라가 이룩되었다는 사실에 대해서는 일언반구도 없다. 로마가 십자가에 못 박은 예수를 하느님이 다시 살리시어 하늘에 높이 오르시게 한 사실을 강조했다. 그는 계시록적인 신학을 조성하여 로마제국에 있는 도시들을 순방하면서 그의 신학을 전파했다. 그는 "만일 죽은 자의 부활이 없다면 '내일이면 죽을 테니 먹고 마시자' 해도 그만일 것입니다."라고 했다. 부활과 그 뒤에 있을 종말이 중요하지 이 세상은 무의미하다는 것이다.

곁길로 치닫는 교회

그러나 그가 기대한 종말은 오지 않았다. 주후 2세기 초대 교회 시절에 이르러서 교인들은 하느님께 예배를 드리면서 성실한 로마 시민으로 살려고 했다. 콘스탄틴 대제 때에는 기독교가 로마의 국교가 되었다. 지상의 권력이 다 심판을 받고 하느님 나라가 도래한다는 계시록적인 신앙은 먼 내일의 일이 되고 말았다.

하느님과 예수는 그 본성이 같다는 신앙이 서서히 형성되었다. 이와 같은 신앙은 로마 교회를 중심으로 한 서방에서 먼저 형성되었다. 콘스탄틴 대제는 로마 시민들 사이에서 가장 활력을 가지고 확장하는 기독교를 국교로 삼는다. 그리고 여러 가지 신학적 견해로 분열되어 있는 교회를 하나로 만들기 위하여 주후 325년에 니케아에서 교회협의회를 개최한다. 그 회의에 참석한 300명의 대표 중 서방 교회에서 참석한 자의 수는 일곱 명밖에 되지 않았다. 그런데도 콘스탄틴 대제의 압력으로 서방 교회가 주장하는 하느님과 예수님은 동질이라는 교리를 채택하게 했다. 동방 교회의 예수 이해는 이와는 아주 달랐다. 주후 30년경에 시리아에서 기록된 것으로 알려지고 있는 Q 문서는 예수를 한 인간으로 본다. 처녀 탄생 설화도 없고 예수님의 죽으심과 부활에 관한 이야기도 없다. 1945년 이집트 나일 강변에 있는 Nag Hammadi에서 발굴된 도마복음서에도 예수님의 탄생 설화나 고난과 부활에 관한 이야기가 없다. 경전에 포함된 마가복음서에도 처녀 탄생 이야기가 없다. 예수님을 한 인간으로 표현했다. 부자 청년이 예수님 앞에 와서 절을 하면서 "선하신 선생님" 하자 예수님은 "왜 나를 선하다고 하느냐. 선하신 분은 오직 하느님뿐이시다."라고 대답하셨다. 예수님은 메시아사상도 전면으로 부정하셨다. 부활하신 예수님의 현현 이야기는 없다. 무덤에 나타난 젊은이는 갈릴리에 가서 부활하신 예수님을 만나라고 했다. 부활하신 예수님은 새 내일을 이룩하는 갈릴리에서 그들을 기다리신다는 것이다.

니케아의 결정은 삼위일체를 강조하는 사도신경이라는 신앙고백으로 이어진다. 이 신앙고백은 예수님이 동정녀 마리아에게서 나신 것을 강조하면서 삼위일체라는 교리로 둔갑한다. 그의 재림을 대망하는 공교회의 권위를 강조한다. 그리고 예수님의 승천, 재림, 부활, 그리고 심판에 관한 신앙을 고백하게 한다. 결국 바울이 주장한 계시록적인 신학이 교회의 신조가 된다. 예수님이 삶과 가르침으로 이룩해주신 하느님 나라에 이르는 생명의 길은 자취를 감추고 만다.

그 후 베드로의 전통을 이어 받았다고 주장하는 로마 교회가 정통 교회의 대본산이 된다. 교황이 하늘 문을 여는 열쇠를 받았다고 하면서 가톨릭 교회의 신부가 주관하는 일곱 가지의 성례전을 만들어 로마 가톨릭 교회를 통하지 않고는 구원을 얻을 수 없다고 주장했다. 그 로마 교회는 베드로 대사원을 건축하고 세를 확장함으로 종교적인 바벨탑을 쌓았다. 하느님의 거룩함만을 칭송하고 인간은 만물의 때만도 못하다고 하면서 천시하였다. 하늘을 찌르는 듯이 치솟은 화려한 성전의 지하층에는 왕들과 귀족들, 그리고 장군들의 육중한 관들이 즐비하게 나열된다. 예수님의 재림 시를 대망하고 있었고 성서도 읽지 못하는 일반 신도들은 무지 속에서 수탈만을 당하고 있었다.

주후 16세기 인간의 존엄성을 강조하는 문예부흥의 기운을 타고 루터와 칼빈 등이 종교개혁을 하여 평신도들도 성서를 읽게는 됐다. 이것은 타락할 대로 타락한 로마 교황청에서의 탈출일 뿐 예수님의 재림을 기다리는 대망공동체로부터의 탈출은 아니었다. 그들도 루터교, 장로교, 감리교 등의 제도를 만들어 이를 강조했다. 그들 나름의 작은 바벨탑을 쌓았다.

 # 산업 문화와 교회

18세기 중엽 James Watt(1750~1800)가 증기기관을 발명하자 유럽에서는 일대 변화가 벌어졌다. 증기기관을 이용하여 상품을 대량생산할 수 있게 됐다. 많이 소유해 호화롭게 사는 새로운 문화가 발전되었다.

이렇게 되자 이윤욕에 미쳐서 날뛰는 장사꾼들은 대량으로 생산하는 상품들을 기차와 기선에 싣고 세계 방방곡곡으로 돌아다니면서 시장을 개발하고 상품을 팔았다. 많이 소유함으로 행복해진다는 산업 문화를 확산했다. 유럽의 정부들은 서로 경쟁하면서 식민지 정책이라는 바벨탑을 쌓았다. 수탈을 일삼는 식민지주의자들의 선박에 기독교 선교사들이 동승했다. 식민지 방방곡곡을 두루 다니면서 이 세상은 장망성이니 예수를 믿고 천당에 가라고 선전하면서 교회당을 세웠다. 약소민족의 땅을 빼앗고 성경을 안겨줬다. 이 식민지 정책이 1, 2차 세계대전을 유발하여 온 인류를 참극으로 몰아넣었다.

2차 대전이 끝난 뒤 UN이 창설되고 많은 식민지 국가들이 해방의 환성을 올렸었다. 그러나 제1세계라고 불린 강대국들의 탐욕은 사라질 줄을 몰랐다. 대립되는 이념을 가진 미국과 소련은 핵폭탄을 휘두르면서 그들의 세력을 확장하려고 수단 방법을 가리지 않았다. 소련은 인민 해방이라고 하는 이념을 내세우면서 그들의 바벨탑을 구축하려고 했다. 미국은 겉으로는 자유세계라는 이념을 내세웠으나 실제로는 신식민주의의 흉계를 무기 삼아 그들의 탐욕을 채우려고 했다.

소련이 패망한 뒤 미국을 중심으로 한 자본주의 국가들은 시장경제라고 하는 신자유주의를 외쳤다. 다국적 기업들이 세계 방방곡곡을 마음대로 들락날락하면서 대량생산하는 거대 공장들을 세워 화려하면서도 염가의 상품들을 홍수같이 생산하게 해, 엄청난 부를 축척했다.

그들의 논리는 다음과 같다. 1) 경제의 문제는 시장의 문제를 아는 경제인들에게 맡겨야 한다. 그들이 이 문제에 전문가들이다. 2) 따라서 정부는 그들을 지원해서 대량생산을 하는 공장들을 가동하여 염가의 상품들을 시민들에게 제공하도록 도와야 한다. 그렇게 할 때 많은 직업이 만들어져 시민 경제에 도움을 줄 수 있다. 3) 이를 위해서 나라들은 관세를 철폐하고 기업들이 마음대로 왕래하게 해야 한다. 4) 동시에 정부는 노동운동을 억압하여 저임금 노동을 할 수 있게 해야 한다. 5) 필요한 대로 각 지역의 자원을 개발 효용하게 해야 한다. 6) 저개발국에 자본을 제공할 수 있는 World Bank와 IMFInternational Monetary Fund를 창설하여야 한다.

세계 방방곡곡에 큰 공장들이 서고 이를 중심으로 대도시들이 만들어졌다. 각지의 농민들이 도시로 모여들었다. 놀랍게 발달된 라디오, 텔레비전, 그 밖에 갖가지 매체들을 통하여 화려한 산업 문화가 선전되었다.

그 결과는 온 인류에게 감당할 수 없는 참극을 초래했다. 첫째로 대기업들이 화려한 상품을 염가로 생산하기에 중소기업들이 도산할 수밖에 없다. 둘째로 염가의 상품을 생산하기 위해서는 노동조건을 억압하여 저임금 층을 증가시켰다. 뿐만 아니라 공장을 기계화하여 실업자가 늘어나게 되었다. 이렇게 하여 극대화된 이윤은 지주들과 자본가들의 손으로 흘러 들어갔다. 일반 대중들에게 부스러 떨어지는 이윤이란 극미하게 되었다. 빈부격차는 천문학적으로 확대되어 인류의 3분의 1인 22억이 하루에 1불로 살아가는 참극을 빚어냈다. 이런 참극은 세계에서 가장 부한 미국에서도 일어나고 있다.

이와 같은 현상은 산업 자체를 파국으로 몰고 간다. 날이 갈수록 빈곤층이 늘어만 가고 그들의 구매력이 감소되면서 대량으로 생산하는 상품을 구매할 수가 없게 된다. 그리고 날이 갈수록 실직자가 증가해, 사태는 파국으로 치달을 수밖에 없게 된다. 대량 소비를 전제로 하는 이 시장 경제가 지탱할 수 없게 된다. 이 현상은 벌써 세계 방방곡곡에서 일어나고 있다.

대량생산을 하는 과정에서 생태계는 파괴되고 있다. 자원의 고갈은 말할 것도 없고 막대한 동력을 생산하는 과정에서 대기가 오염된다. 엄청난 기후의 변화가 일어나 곳곳에서 토지가 사막으로 변한다. 감당할 수 없는 홍수가 일어나 인류의 앞날에 검은 구름을 덮고 있다.[48]

이와 같은 산업 문화는 치열한 경쟁을 유발하여 인간성이 병들고 공동체가 여지없이 파괴된다. 이 산업 문화는 사람을 거대한 산업 기구의 부속품으로 만들어 인간의 존엄성을 완전히 파괴한다. 교육 자체가 학생들을 이 기구의 부속품으로 조성하는 과정이다. 인간의 존엄성이 완전히 무시되고 언제나 파기될 수 있는 부속품이 된다. 인간 사회는 살벌한 도살장이 되고 만다. 과학의 발달을 높이 칭송해왔으나 이 과학도 무자비한 산업 기구의 도구로 전락하고 말았다. 산업 문화가 조성한 바벨탑은 스스로 파괴되지 않을 수가 없게 되었다. 노아 홍수와도 같이 파멸에 직면한 이 암담한 바벨탑 문화 속에 예수님의 뒤를 따른다는 우리 교회는 무엇을 하고 있는 것인가?

이 세상을 장망성이라고 하면서 하늘만을 쳐다보는 대망공동체는 놀랍게도 예수님 당시 로마제국이 세운 바벨탑과 손을 잡은 유대교처럼 이 산업 문화에 의존하는 기생충처럼 되었다. 이윤에 눈이 먼 장사꾼들의 선박을 타고 수탈당하는 약소국 주민들에게 가서 이 세상은 장망성이니 예수 믿고 천당에 가라고 목청을 높였다. 가톨릭이니, 장로교니, 루터교니, 감리교회니 하는 교파의 탑들을 쌓았다. 저들은 예수님이 이룩하신 하느님 나라의 복음을 전한 것이 아니라 베드로와 바울이 조작한 대망공동체를 전했다. 그러면서 예수를 믿으면 복을 받는다고도 한다. 예수를 믿으면 사업에 성공하고 자식들이 출세하고 병고를 치르지 않는 복을 받는다는 것이다. 장사꾼들이 거짓 선전을 하는 것

48 John Cavanagh & Jerry Mader (ed.): 『Alternatives Economic Globalization』, Barren-Koeler Publishers Inc., 2004, Part One: System in Cricis, pp.19–78

처럼 그들도 복음이 아닌 복음을 전하고 있다. 사실 그들은 복음을 전하는 것이 아니다. 교회에 나오는 자들이 원하는 것이 무엇인지를 찾아 그것을 주면서 복음이라고 한다. 산업 문화의 전시장인 백화점의 변형이다. 백화점은 언제나 고객들이 원하는 상품을 장만하고 이를 선전한다. 목사들도 고객들이 원하는 것이 무엇인지를 알아 그것을 종교적인 용어로 잘 포장해서 주면 소위 성공적인 목회가 된다. 백화점처럼 교회당을 화려하게 지어야 한다. 그리고 고객을 끌어들이기 위해서는 화려한 가운을 입은 찬양대가 즐비하게 서 있어야 한다. 목사도 그럴듯한 가운을 입고 거룩한 음성으로 설교와 기도를 해야 한다. 종교의 이름을 띤 산업 문화의 변형이다. 따라서 산업 문화가 퇴화함에 따라 교회도 퇴화되게 마련이다. 아니 그보다 먼저 파국에 이른다. 그들이 주는 상품이 허위라는 것이 먼저 드러나기 때문이다.

우리는 다시 묻게 된다. 하느님은 어디 가셨느냐고. 주무시는 것인가? 아니면 어디 여행이라도 가신 것인가 하고 말이다.

하느님은 언제나 억눌린 자들 가운데서 역사하신다. 억압받고 수탈당하는 자들이 악의 정체를 보고 아우성을 치기 때문이다. 새 내일을 찾아 몸부림을 치기 때문이다. 그들과 야훼 하느님은 기화하시기 때문이다. 우리는 성서에서 그것을 명확히 보았다. 그리고 종교개혁 당시 재세례파에게서도 보았다. 그리고 산업 문화가 난동을 칠 때에도 하느님은 역사 안에서 일하셨다.

우리는 그것을 남미에서 일어난 해방신학에서 본다. 식민지 상태에서 해방되어 환성을 울리는 남미의 나라들에 미국이 그들과 호응할 수 있는 군사정권을 세워서, 그들의 탐욕을 채워주면서 미국의 이권을 보호 조장하는 신식민지주의를 수행했다. 해방의 환희에 휩싸였던 남미의 국민들이 이에 항거하여 피나는 투쟁을 했다. 구교의 신부들이 이 아우성 소리를 들으면서 닫혔던 눈이 활짝 뜨인 것이다. 본래 구교의 신부들이란 바티칸의 지시에 따라서 선교를 했다. 아우성을 치는 무리들의 처절한 음성을 들었을 때 그들의 외침이 너무나 타당한 것임을 인정하지 않을 수가 없었다. 바울의 가르침에 의거한 가톨릭교회의 가르침이 그들의 아우성에 아무런 대답도 주지 않는 것을 발견한 것이다. 그들이 다시 성서를 음미해보았더니 성서의 하느님은 억눌린 자들을 해방하시는 하느님임을 발견했다. 예수님의 아버지 하느님도 해방을 하시는 하느님이심을 발견했다. 그들은 '해방신학'을 외치기 시작했다. 로마 법황청은 이를 금지하려고 했으나 그들의 음성은 온 세계에 울려 퍼졌다.

이 음성을 들은 온 세계의 약자들도 깊은 잠에서 깨어나 그들 나름의 해방신학을 만들었다. 미국의 흑인들은 흑인해방신학을, 여성들은 여성해방신학을, 아프리카에서는 유럽의 문화에 항거하면서 문화해방신학을 외쳤다. 이 해방신학의 흐름이 한국에 들어 와서는 민중신학으로 탄생되었다. 이 모든 것이 다 바벨탑에 억압당하고 수탈당하던 약자들이 고난의 골짜기를 통과하면서 그들이 직면한 악을 보고 항거한 것이다. 다 그들 속에 있는 하느님의 영의 몸부림이요 아우성이다.

그러나 아직 그들은 목전에 나타난 악만을 보고 이에 저항을 했을 뿐이다. 많이 소유함으로 행복해진다는 산업 문화의 그릇된 복음을 무시하지 못했다. 종교까지 이용하는 바벨탑의 망동을 꿰뚫어 보지 못했다. 이에 항거하면서 서로 나누고 섬기고 용서하는 생명 공동체 형성에 온몸을 던지지 못했다. 예수님이 삶과 말로 이룩하신 하느님 나라의 꿈을 재생시키지 못했다.

그래서 남미는 여전히 오리무중에 있다. 미국의 흑인들은 미국 사회에서 백인들과 법적으로 동등한 권리를 획득했으나, 여전히 악랄한 산업 문화 속에서 허덕이고 있다. 여성들도 마찬가지다. 그들도 산업 문화 속에서 여러 가지로 희생을 당하고 있다.

한국의 민중들도 마찬가지다. 김대중 대통령을 중심으로 민주화를 이룩했다고는 하나 아무런 변화도 없다. 김영삼 대통령의 경제 실책으로 IMF의 원조를 받게 되면서 빈부격차는 더 심화되었다. 아우성 소리는 날로 더 높아만 가고 자포자기한 자들의 수효는 날로 늘어만 간다. 이것은 한국에서만 일어나는 현상이 아니다. 전 세계가 떠돌이들의 한 맺힌 소리로 가득 차 있다.

이제 새로운 출애굽 사건이 다시 일어나야 한다. 3000여 년 전에 이집트에서 일어났던 출애굽 사건이 재생되어야 한다. 2000년 전에 갈릴리에서 일어나 지중해 연변에 확산되었던 하느님 나라 운동이 전 세계적인 차원에서 재현되어야 한다. 거대 도시들을 조성한 오늘의 바벨탑에서 탈출하여 다시 가나안 복지인 갈릴리로 가야 한다. 더불어 생산하여 나누는 농촌으로 가야 한다. 서로 이웃사촌이 되어 나누고 도우면서 사는 생명공동체를 이룩해야 한다. 부활하신 예수님은 그의 제자들에게 땅 끝까지 이르러 그가 삶과 가르침으로 이룩해주신 기쁜 소식을 전하라고 하셨다. 그리고 세상 끝 날까지 우리와 함께 하시겠다고 하셨다.

그렇다고 해서 우리는 도시를 버릴 수도 없다. 도시 역시 하느님이 보살피는 세계이기 때문이다. 그곳에도 아직 많은 떠돌이들이 있기 때문이다. 미처 깨닫지는 못했으나 마침내 깨닫고 탈출해야 하는 자들이 있기 때문이다. 그뿐만이 아니다. 부자 청년처럼 아직 결단을 하지 못하나 새로운 삶을 갈망하는 자들이 있다.

"부자가 천국에 들어가는 것이 낙타가 바늘 구멍으로 들어가는 것보다 힘들다."고는 하셨지만 불가능하다고는 하시지 않았다. 예수님은 머리 숙이고 떠나는 부자 청년을 보시면서 안타까워 하셨다. 그래서 그는 예루살렘에 올라가시어 채찍을 드시고 십자가에 매달려 돌아가신 것이 아닌가. 따라서 도시에도 예수님의 뒤를 따르는 제자들의 공동체가 있어야 한다. 십자가를 지는 제자들의 탈출 공동체가 있어야 한다.

맺는 말

이 바벨탑에서 탈출을 하는 과정이란
어떤 것인가?

1. 이 산업 문화의 악을 정확히 보는 일이다. 많이 소유함으로 행복해진다는 그들의 복음이 얼마나 허망한 것인지를 철저히 보고 느껴야 한다. 이것을 느끼지 못하고는 아무리 새 내일을 갈망해도 예수님을 찾아와서 영생의 길을 찾았던 청년처럼 도루묵이 되고 만다.

2. 누가 이것을 보고 온몸으로 거부할 것인가? 산업 문화에 안주한 자들이 아니다. 산업 문화에서 한몫을 보려고 기대를 하는 자들도 탈출을 하지 못한다. 산업 문화에서 아무것도 기대할 수 없는 사람들, 그 제도에서 수탈만을 당하고 밀려난 떠돌이들만이 탈출을 할 수 있다.

3. 그러나 그들의 힘으로는 탈출할 수가 없다. 그들에게 소망의 새 내일이 제시되지 않은 상태에서 어디를 향해서 탈출을 할 것인가? 따라서 그들에게 새 내일을 약속해주는 전령자가 있어야 한다. 그리고 그 약속이 이루어질 수 있다는 확약이 있어야 한다.

4. 그들에게 이와 같은 새 내일의 꿈을 전하고 그것을 이룩할 수 있다는 확신을 전해줄 자는 누구인가? 오늘의 모세와 예수는 어디에서 탄생할 것인가? 그런 자란 쓰라린 떠돌이들의 전통에서 태어나 그들의 아픔을 나누는 자들 가운데서 태어난다. 그런 자들 가운데서 바벨탑의 악을 주시하면서 그 정체를 파악하고 새 내일을 찾아서 구하고 찾고 끈질기게 문을 두드리는 자들이다. 그들이 있을 것을 있게 하시는 영과 기화하여 새 내일의 확약을 받는다.

5. 그러나 그런 자들의 각과 단만으로 새 내일이 창출되지 않는다. 하늘의 별처럼, 땅의 모래처럼 수많은 떠돌이들이 집단적으로 각을 하고, 새 내일의 문을 열어달라고 아우성을 쳐야 한다. 그런 자들만이 집단적으로 단을 하고 바벨탑에서 탈출을 할 수 있다.

6. 그런 때가 이르기 위해서는 출애굽 전통을 이어받은 자들이 예언자들처럼 끊임없는 외쳐야 한다. 듣는 사람이 없어도 외쳐야 한다. 외로울지라도 외쳐야 한다.

7. 때가 이르면 집단적인 각과 단을 하는 자들이 탄생하여 바벨탑에서 탈출을 하게 된다. 그 탈출이란 구체적으로 무엇인가? 그것은 첫째로 산업 문화의 아성인 도시에서 탈출하는 것이다. 이 도시란 대량생산을 하는 기업체들과 그들이 세운 공장을 중심으로 집결한 거점이다. 그 도시에는 공장들이 생산한 화려한 상품들을 판매하는 백화점과 갖가지 점방들이 나팔을 불면서 고객들을 부른다. 그곳에는 도시에 사는 지친 자들을 위로하고 만져주는 갖가지 영화관, 극장, 그리고 오락 시설들이 있다. 그리고 중요한 것은 이 바벨탑의 건설과 유지 발전에 기

여할 일꾼들을 길러내는 교육 시설들이 여기저기에 자리 잡고 있다. 그리고 이 모든 것을 관할하는 정치 기구들이 떡 하니 버티고 서 있다. 잊어서는 아니 될 것은 그들의 영혼을 마사지 해주고 불안을 덜어주는 교회와 여러 종교단체들이 무자비한 산업 문화로 인해 병든 사람들의 심정을 어루만져 주면서 그것이 복음인양 한다.

8. 그리고 이 도시의 가장 강력한 수단이란 TV를 선두로 하는 갖가지 대중매체다. 나날이 이 대중매체가 이 바벨탑의 지시를 갖가지 방법으로 전한다. 아침에 일어나면서 어린이들의 마음을 송두리째 빼앗는 만화에서부터 저녁 피곤한 어른들의 심정을 어루만져주는 연속극에 이르기까지 시민들의 마음과 생각을 바벨탑 추종자로 조성한다. 그러기에 이집트의 노예들이 이집트가 만든 바벨탑을 어떻게 할 수 없는 것처럼, 갈릴리의 농민들이 로마 문화와 대사제-바리사이파 사람들이 빚어 만든 바벨탑을 어떻게 할 수 없는 것처럼 우리도 이 산업 문화가 세운 바벨탑을 근본적으로 재구성할 수가 없다. 그러기에 우리는 새 내일을 창줄하기 위해서는 바벨탑에서 탈출해야 한다.

9. 우리 그리스도의 뒤를 따르려 하는 자들은 이 바벨탑과 손을 잡은 교회에서도 탈출해야 한다. 이 제도 교회는 수천 년 동안 예수님의 삶과 가르침을 무시한 대망 공동체에 오도되어 저 높은 곳만을 바라본다. 동시에 이 세상의 강자들이 세운 바벨탑 문화에 심취하여 많이 소유하는 것을 하느님의 축복이라고 외친다. 하느님의 뜻에 역행하는 죽음의 세력에 동조하고 있다.

10. 그러기에 하느님이 창조하신 땅으로 탈출해야 한다. 거기에서

땅을 갈아 소출을 서로 나누어 서로 섬기고, 용서하는 환희에 찬 에덴 동산을 이룩해야 한다. 모두가 더불어 기뻐하고 보람을 느끼는 생명 문화를 창출해야 한다. 그래서 어두운 세상에 등불이 되어야 한다. 삶의 진미를 맛보게 하는 삶을 창출해야 한다. 이것이 누룩처럼 확산되고 산 위에 세운 성처럼 우뚝 서서 온 인류에게 새로운 소망을 줘야 한다.

11. 그러나 도시를 버려서는 아니 된다. 그곳에도 새 날을 갈구하는 자들이 있기 때문이다. 그들을 위해 십자가를 질 자들의 공동체가 있어야 한다.

12. 이를 위해서는 뜻이 맞는 형제자매들이 새로운 공동체를 이룩하여 앞으로 이룩해야 할 일들의 청사진을 마련해야 한다. 있는 힘을 다하고 정성을 다하여 구하고 찾고 문을 두드려야 한다. 모세처럼, 예수님처럼 있어야 할 것을 있게 하시는 분과 기화를 해야 한다. 추수할 것은 많은데 일꾼이 없다고 탄식을 하는 예수님의 부르심에 응답해야 한다.

13. 이렇게 하는 과정에 모두 새 마음의 소유자가 되어야 한다. 있어야 할 것을 있게 하시는 그 거룩하신 영과 기화하는 영, 예수님이 품으셨던 그 거룩한 마음을 나누어받는 자들이 우후죽순처럼 태어나야 한다.

발문

새로운 혁명은 이렇게 일어난다

김민웅 | 성공회대 교수

놀라운 흡인력, 그리고 특권 질서에 대한 반격의 힘

『바벨탑과 떠돌이』, 우선 이 책은 무엇보다도 단숨에 읽힌다. 그만큼 흡인력이 강렬하기 때문이다. 책을 덮고 나면, 우리 안에 그동안 존재하고 있던 모든 신학적 한계가 붕괴되고 새로운 인식의 지평이 생겨나는 것을 절감하게 될 것이다. 내 안에 태어나야 할 하늘의 마음이 무엇인지 깨닫는 기쁨과 그걸 힘으로 삼고 역사의 주인이 되는 감격 또한 맛보게 되리라. 세계 자본주의 체제가 인류에게 가해온 폭력과 그걸 유지하기 위해 우리의 온몸에 감아놓은 탐욕의 사슬을 어떻게 해체해야 할지, 이 책은 답하고 있다. 그로써 우리는 대안공동체에 대한 열망과 구체적인 비전을 새롭게 다지게 된다.

뿐만 아니라, 한국 교회를 지배하고 있는 기득권의 이데올로기를 위한 도구로 전락해버린 성서를 구해내고 있다. 성서의 의미를 바로 짚지 못하는 순간, 기독교는 특권 질서를 위한 용병이 되고 성서는 그 용병의 무기로 변질되고 만다. 그렇지 않은가?

한국 교회의 이른바 주류는 이미 너무 오래 권력과 자본의 동맹 세력이 되어 민중을 기만하고 수탈하는 범죄를 저질러 왔다. 예수께서 당대의 교회를 보고 그토록 질타하셨던 바처럼 "강도의 소굴"이 되어버린 것이다. 그런 까닭에 대형 교회를 중심으로 하는 한국 교회의 주류에게 성서는, 성장과 욕망의 논리에 따라 움직이는 시장이 된 교회의 마케팅 수단으로 명맥을 유지하고 있다. 거기에 더해 성서는 목사들의 권력을 신성시하게 만드는 논리를 떠받쳐주고, 신도들을 무지몽매하게 길들여가는 악역을 떠맡게 되고 말았다.

성서 안에 숨겨진 바벨탑을 찾아라

이 책은 그러한 현실에 탄탄한 반격의 논리를 제공해준다. 그러나 그 정도에서 그치지 않고 있다. 그게 뭘까?

성서 전편을 통해 관통하고 있는 하느님의 진정한 마음을 한순간도 놓치지 않고 추적해가는 『바벨탑과 떠돌이』는 우리의 정신적 영토를 무한대로 넓혀준다. 그러기에 성서를 통해 세상을 제대로 응시하려는 이들에게 이 책은 하나의 정밀 지도다. 그 지도를 손에 들고 우리의 현실을 탐색하는 일은 즐겁고 흥미진진하다. 애매하고 헷갈렸던 지점이 뚜렷하게 보이고, 거쳐 가야 할 경로가 확실해진다.

그러나 더 중요하게는, 성서의 권위에 눌려 쉽게 던지지 못했던 질문과, 내심 늘 풀지 못했던 숙제처럼 남아 있던 문제가 거침없이 진상을 드러내면서 우리는 우리 자신의 낡은 정신이 해체되고, 정작 봐야 할 진실에 눈뜨게 된다. 이 책은 진보적인 성서 해석학조차도 놓치고 있었던, 성서 안에 숨겨진 채 작동하고 있던 바벨탑의 논리, 그 잔상殘像을 남김없이 걷어내고 있기 때문이다.

우리가 구약이라고 흔히들 부르는 히브리 성서의 원체험이라고 할 수 있는 출애굽 탈출공동체는 『바벨탑과 떠돌이』의 핵심 모델이다. 그것이 바로의 제국과 맞서 치열한 투쟁을 거쳐 광야의 훈련을 받는 과정에서 어떤 역사 공동체로 진화하는가를 이 책은 밝히고 있다. 거기에 더해 이 역사 공동체의 정신이 이후 어떤 왜곡의 과정을 거쳐 무너지고 말았는지, 그리고 그 변질과 타락에 대해 맹렬한 공격을 퍼부었던 예언자들의 목소리마저도 그 한계가 보이는 것을 하나하나 짚어낸다. 진정 복구해야 할 것은 생명공동체, 평화공동체인데 그걸 파괴하고 하느님의 말씀을 권력의 이데올로기로 삼아버린 다윗 왕조를 대안으로 삼아 이를 회복함으로써 새로운 미래를 건설할 수 있다고 본 생각의 한계를 고스란히 드러내주고 있는 것이다.

한마디로 말해서, 바벨탑이라는 거대한 욕망과 권력의 체제에서 탈출한다고 해놓고, 도로 그 바벨탑의 논리에 이 모든 하느님 나라의 꿈을 종속시켜버리는 모순을 일깨우고 있는 것이다. 이로써 우리는 이 모든 한계와 왜곡, 그리고 변질을 일거에 돌파한 예수 운동의 본질을 명확히 알게 된다. 권력과 자본이 높이 세운 바벨탑이 희생시키고 양산하고 있는 오늘날의 무수한 떠돌이들이 어떻게 해야 그 바벨탑의 악을 직시하고 그것이 설파하는 논리와 사고에서 해방된 새 마음을 얻게 되는지, 그리고 이를 바탕으로 진정 자신의 삶의 주인이 되고, 생명공동체의 역사적 실현을 이룰 수 있는지를 이 책은 증언해준다.

민중 신학에 대한 반성적 성찰

이제 나이 구십이 넘으신 문동환 목사님의 평생에 걸친 화두는, 생명공동체의 역사적 실현과 이를 감당할 주체를 바로 세우는 일이다. 민중 신학이 민중이 역사의 주인이라는 명제는 선포했지만, 어떻게 해서 주인이 되는지 그 의식의 발전 과정과 진화의 논리를 규명하지 못했던 것을 그는 반성적으로 돌아본다.

"민중 신학의 요체는, 역사를 운영하시는 하느님은 시대마다 힘의 철학으로 바벨탑을 쌓으려는 오만불손해진 악의 제도를 무너뜨리고 새 내일을 창출하시려고 한에 맺힌 민중들을 전위대로 삼으신다는 것이다. 그러나 지난 시기의 민중 신학자들은, 존명에 급급하여 수단방법을 가리지 않는 민중들이 역사의 주체가 되는 그 과정은 밝히지 않았다. 그리고 기독교 신학이 중시하는 하느님, 독생자, 성령, 교회 등에 대해서도 명확히 밝히지 않았다. 기독교 교육을 전공한 나에게 있어서 민중들이 역사의 주체가 되는 그 몸부림치는 생성 과정을 밝히는 것이 중요하다. 그래야 그들이 새 내일을 창출하는 과정에 우리가 동참할 수 있다. 동시에 하느님, 독생자, 교회 등의 개념을 밝히는 것도 중요하다. 새 내일 창출 과정에 있어서 이런 중요한 개념들이 명확히 밝혀져야 하기 때문이다."

그래서 그는 먼저 성서의 세계에 깊이 참여하는 작업에 몰두한다. 왜?

"성서의 세계란 새 내일을 창출하려고 몸부림을 친 한에 맺힌 민중들의 삶의 현장이기 때문이다. 그 속에 들어가서 밑바닥에서 아우성을 치던 무리들이 어떻게 역사의 주체가 되는지를 추구해야 한다. 야훼 하느님이 어떻게 깨우쳐 역사의 주체가 되게 했는지를 살펴보아야 한다. 동시에 악의 제도가 어떻게 붕괴되는 지도 살펴" 볼 수 있기 때문이다. 그런데 그는 민중 신학의 시선이 단지 한국 민중들에게만 고정되어 있지 말아야 한다고 역설한다.

"성서와 씨름을 하는 도중에 나는 또 다른 충격을 받았다. 한국의 민중만을 생각하고 있던 나의 눈에 전 세계 방방곡곡에서 부평초처럼 떠도는 떠돌이들의 몸부림치는 모습이 역력히 보인 것이다. 뉴욕이란 곳은 전 세계에서 일어나는 일들이 언론이나 텔레비전을 통해서 생생하게 중계되는 고장이다."

이렇게 해서 그는 세계 전체를 뒤덮고 있는 바벨탑의 정체를 하나씩 폭로하면서 떠돌이들이 역사의 진정한 중심으로 서게 되는 쟁투의 과정을 밝혀내고 있다. 그는 바로 이 떠돌이들이야말로 새로운 세상의 주체가 될 것이라고 내다본다.

"(하느님은) 그 사회에서 바라볼 아무런 소망도 없는 국외자들을 선택하여 새 내일을 창출했다는 것이다. 기존 제도에서 자기 몫을 찾겠다는 민중들과는 완전히 다르다. 악랄한 자본주의 산업 문화를 뒤엎겠다는 야망을 가진 자들도 아니었다. 그리고 그것이 가능하지도 않다. 그러고 보면 한국의 민중 신학자들의 과오는 민중의 개념을 명확히 규정하지 못한 것이다. 성서에 있어서의 새 역사의 주인공은 떠돌이들이라는 것을 명확히 보지 못한 것이다."

떠돌이의 힘

민중이라는 사회적 처지가 곧바로 기존 제도와 질서에 항거할 수 있는 동력을 뽑아내지는 않는다. 이들이 바벨탑의 욕망에 묶여 있는 한, 상황이 바뀌면 언제든 또 다른 압제자가 될 수 있다. 서로 처지만 차이가 있지 추구하는 목표는 민중과 지배세력이 결국 동일해지는 것이다. 그런 민중이 세상을 바꿀 수는 없다. 권력의 구도만 달라질 뿐이며, 바벨탑은 여전히 건재하다. 그러니 애굽에서 탈출하는 것 이상으로 우리 내면에 있는 애굽을 빼내는 일이 얼마나 지난한 과제인지 우리는 성서를 통해 목격하게 된다.

그런 맥락에서 문동환 목사님은 이들 탈출공동체가 받은 십계명이 바벨탑의 악으로부터 이들을 지켜내는 해방의 지표라는 것을 명확히 하면서, 다양한 종족으로 구성된 떠돌이 집단이 공통의 역사의식을 가진 공동체로 변화되어가는 과정을 뛰어난 이야기꾼의 솜씨로 풀어낸다. 이것은 대하드라마처럼 우리에게 펼쳐지는 장관이며, 듣는 이에게 긴장을 멈출 수 없게 하는 흥미로움이 넘쳐난다.

이 책에서 우리에게 가장 충격적으로 다가오는 것은, 이사야를 비롯한 예언자들의 전통 속에도 끈질기게 남아 있는 바벨탑의 그림자를 낱낱이 고발하고 있는 대목들이다. 현실에 대해 강력한 비판을 가하고 있는 것 같지만, 결국 그 대안으로 꿈꾸고 있는 사회는 탈출공동체의 원류와는 멀어진 다윗 왕조 복구라는 정치 이데올로기에 충실한 예언자들의 모습에 대해 날카롭게 문제를 제기한다. 이는 성서 읽기의 전통에 중대한 도전이 된다. 결국, 엘리야나 에스겔이 일깨우듯이 마음의 변화를 통해 하느님 나라의 실체에 다가서려 할 때, 비로소 우리는 탈출공동체가 꿈꾼 생명과 평화의 나라를 세우는 주체가 될 수 있다는 것이다.

바로 이러한 성서 해석의 요체를 제대로 알아야, 나사렛 예수가 팔복 설교에서 "하느님을 믿으면"이라고 하지 않고, "마음이 깨끗하면"이라는 식으로 마음을 앞세운 까닭을 알아차리게 된다.

"이 예언이 떠돌이들 사이에서 이룩된 것이다. 예수님이 8복에서 특기하신 '가난한 마음, 슬퍼하는 마음, 온유한 마음, 정의에 목마른 마음, 자비로운 마음, 깨끗한 마음, 옳은 일을 위하여 핍박을 받는 마음' 등이 바로 그들의 마음이다. 이런 마음의 변화가 없으면 아무리 율법을 지킨다고 해도 혹은 종교 행위를 한다고 해도 그의 삶에서는 악한 열매만 맺게 된다는 것이다."

갈릴리에서 다시 시작하는 하느님 나라 운동

그래서 회개가 전환점을 만든다. 지금껏 맹렬하게 달려가던 길에서 돌아서라는 것이다.

"'돌아서기만 하면 하느님 나라 시민이 된다.'라는 말은 당시 유대인들에게는 하늘과 땅이 뒤집히는 것과도 같은 선언이다. 유대인들에게 있어서 하느님 나라 시민이 되려면 할례를 받고 율법을 엄격히 지키고 정성껏 속죄 제물을 야훼의 제단에 바쳐야 한다고 믿었다. 그런데 예수님은 가던 길에서 돌아서기만 하면 하느님 나라에 들어간다는 것이다. 상상할 수 없는 선언이다. 그러나 예수님은 탐욕의 길에서, 야훼의 이름을 오용하는 길에서, 힘의 철학을 따르는 길에서 돌아서기만 하면 하느님 나라에 들어간다는 것이다."

방향 전환이 핵이다. 그렇다면 누가 돌아설 수 있는가? 문동환 목사님은 이렇게 답하신다.

"돌아설 수 있는 자들이란 바벨탑 문화에서 수탈당하고 추방당하는 한에 맺힌 자들이다. 그들이 선하게 사는 것이 아니다. 그들의 마음은 미움과 복수심으로 가득 차 있다. '나도 저렇게 잘 살아 보았으면' 하는 욕망에 사로잡혀 있기도 했다. 그러나 그들은 이와 같은 길에서 돌아설 수 있다."

어떻게?

"누가 와서 삶과 말로서 새 길을 보여주기만 하면 된다. 누가 와서 사랑으로 껴안아주면서 무엇이 그들을 비참하게 만들었고 생명에 이르는 길이 무엇인지를 깨우쳐주면 그들은 혼연히 일어서서 새 길에 들

어설 수가 있는 것이다. 그래서 예수님은 예루살렘으로 가지 않고 갈
릴리로 가신 것이다."

갈릴리는 이스라엘에서 가장 수탈이 심했던 곳이며, 예수 탄생 전
이곳에 있는 마을 세포리스는 농민 봉기의 근거지로서 수많은 이들이
십자가로 처형당한 피의 역사가 있다. 다름 아닌 그곳에서 새로운 기
운이 솟아나서 이미 죽어 사라졌다고 생각했던 기운이 부활하고, 집단
적 각성이 생겨 바벨탑의 욕망으로부터 탈출한 생명과 평화공동체가
일구어질 수 있다고 본 것이다.

바로 이를 위해 자신을 헌신할 수 있는 마음이 거룩한 마음이며, 예
수님의 마음이다. "그 거룩한 마음을 나누어 받는 자들이 우후죽순처
럼 태어나야 한다."는 갈망 속에서 우리는 찾고 구하고 두드려야 한다
는 것이다. 이 무한대의 낙관주의와 신념이 우리를 날로 강건하게 만
들고 시련을 이기는 지혜와 힘을 내게 한다.

이 시대에 이 책은……

역사의 진전을 위한 많은 시도들이 실패하기도 하고, 더는 동력을
얻지 못한 채 소멸하기도 했다. 그 반대로 정의롭다고 여긴 세력이 때
로 권력을 잡고 절호의 기회를 누리기도 했다. 그러나 그 역시 바벨탑

의 욕망에 갇힌 틀을 확실하게 부수지 못했다. 아니, 그 안에 갇혀서 바벨탑의 욕망을 골고루 나누어주면 좋은 세상이 올 수 있다는 착각마저 했다. 하지만 결과는 떠돌이들의 양산과 이들의 고통이었다.

바로 이런 시대에 문동환 목사님의 『바벨탑과 떠돌이』를 읽는 것은 하나의 축복이다. 민주화 운동과 통일 운동을 비롯해서 이 나라의 역사적 운명에 자신을 걸고 살아오신 그 족적의 의미도 크거니와, 그 과정에서 진정한 역사적 주체가 세워지는 길에 대한 모색의 결과를 이렇게 내놓으신 것에 진심으로 감사드린다. 늘 건강하시기를 비는 마음이다.

한국 기독교의 현실에 절망한 이들을 비롯해서, 성서의 내용에서 모순을 느끼고 혼란에 빠진 이들, 그리고 다시 성서로 돌아가 세상을 변화시키고 싶은 이들 모두에게 이 책을 권한다. 성서의 정신을 제대로 발견하고 싶어 하는 이들 모두가 이 책으로 성서의 도전적 읽기를 통한 변화를 체험할 수 있기를 바란다.

읽고 나면, 자기도 모르게 마음이 뜨거워질 것이다. 그리고 결심하게 될 것이다. 새 마음이 일어나는 시작이 거기에 있다.